Sommaire

Mon rêve à moi…

Fermer les yeux et humer doucement des effluves de cuir Connoly. Laisser les sièges d'une Bentley exhaler leur parfum. Caresser la loupe d'orme ou la ronce de noyer d'une Jaguar SS 100. Observer en silence, sans même oser la toucher, la splendeur d'une Bugatti Royale. Se mirer dans les chromes rutilants d'une Mercedes 540 K, ou bien encore descendre Hollywood Boulevard à Los Angeles au volant d'une Duesemberg…

Rêver d'automobile, c'est rêver de toutes les fabuleuses machines qui ont marqué et qui marqueront leur époque. Rouler à tombeau ouvert dans un Speedster Auburn ou une Porsche 356, relever les portes « papillon » d'une Mercedes 300 SL, pousser le V8 d'une Aston Martin dans ses retranchements, ou tout simplement cahoter avec une Rolls-Royce Silver Ghost de 1906 dans le parc d'un château anglais, n'est-ce pas du rêve ?

Le siècle de l'automobile qui s'achève, le premier siècle de l'automobile, aura été fantastique. Il a vu naître le plus génial des moyens de transport, et l'aura rapidement transformé en objet du désir. Les passionnés, les artistes, les amoureux parlent d'une automobile comme d'une femme. Nous aimons ses galbes, ses formes, son caractère. Et toutes deux sont associées depuis bien longtemps, comme inséparables.

La femme et l'automobile, les deux plus belles conquêtes de l'homme ? Sans doute celles qui hantent ses rêves le plus souvent. Elles enchantent, envoûtent, suscitent parfois aussi la haine. Comme toutes les passions.

Ce livre se veut un voyage au volant des voitures de rêve qui auront marqué le siècle. Celles d'hier, celles d'aujourd'hui et celles qui annoncent le futur. Voyage à bord d'une McLaren F1 par exemple, la voiture la plus chère du monde, ou à l'arrière d'une prestigieuse Rolls-Royce Corniche, voyage dans la mythique Ferrari F 50 ou bien même, quittant la terre pour l'eau, aux commandes d'une voiture amphibie. Le rêve, n'est-ce pas aussi la liberté ?

La liberté de s'inventer une voiture volante qui n'existe toujours pas, la liberté de pouvoir rouler dans tous les concept-cars, ces voitures de salons que les constructeurs exposent pour tester la réaction du public ou présenter une technologie future. S'imaginer dans une Renault Racoon sur une plage californienne, au volant d'une Chrysler Atlantic, ou en famille dans une Citroën Xanae. Rêver de piloter une Ford GT 90 sur un lac salé, à la conquête du record du monde de vitesse. Tous les rêves sont permis. A chacun le sien.

Mon rêve à moi, à travers ce livre, est de vous faire découvrir les plus étonnantes voitures du monde et de vous donner quelques sensations personnelles qui vous aideront à vous installer au volant de la belle... de vos rêves. Mais ne fermez pas les yeux. Ouvrez-les grand, au contraire. Bon voyage !

Guy Jourdan

Rolls-Royce Silver Ghost (1906)

Prestigieuse, luxueuse, hors normes, la firme britannique née de la rencontre en 1904 entre Charles Rolls et Henry Royce l'est depuis ses origines. Et l'on doit à Rolls-Royce – légitime retour des choses – la toute première voiture de rêve du monde : la fameuse Silver Ghost. Le « fantôme d'argent » a été présenté au salon de Londres de 1906, à l'Olympia Hall, sous son appellation d'origine : 40/50 HP.

Avec sa calandre de « temple grec » qui allait faire sa notoriété au fil des ans, cette Rolls-Royce de légende fut construite à plus de 6 000 unités, de 1907 à 1925. Dix-huit années au cours desquelles le fabuleux moteur six cylindres à soupapes latérales, de près de sept litres de cylindrée, a conquis les premiers richissimes clients. Des conducteurs qui, à travers le monde, découvraient pour la plupart l'automobile et le luxe automobile en même temps.

La Rolls-Royce Silver Ghost, déjà silencieuse, autorise grâce à une puissance de 48 ch, une vitesse maximale de 105 km/h. Et les moteurs, conçus pour parcourir 300 000 kilomètres sans réparation, sont d'une fiabilité exemplaire. Lubrifié sous pression – chose exceptionnelle à l'époque –, le moteur de la Silver Ghost n'est pas monté directement sur le châssis, livré nu. Véritable pièce d'orfèvrerie, celui-ci est en perpétuelle amélioration dans les ateliers Rolls-Royce de Derby. Obsédé par la perfection, Henry Royce lâcha cette phrase devenue célèbre et sur laquelle s'appuie toujours le développement de la firme britannique : « Prends une pièce déjà existante et améliore-la ». Bientôt reconnue comme « la meilleure voiture du monde », la Silver Ghost voit son moteur passer de 7 litres à 7,4 litres pour lui donner un peu plus de puissance et donc de confort. Très élégante avec sa livrée argent, ses marchepieds et son long capot surmonté dès 1911 du fameux *Spirit of Ectasy*, sa figure de proue, la Silver Ghost dispose même, à partir de 1919, de l'éclairage électrique, puis en 1924 du freinage assisté. Mais cette longue voiture luxueuse n'est pas seulement restée l'emblème du prestige.

Ses concepteurs osent l'inscrire à des compétitions, dont le Londres-Édimbourg en 1911 et l'Austrian Alpine Trial en 1913, épreuve que le « fantôme d'argent » remporte. Ce succès stimule la direction et conduit celle-ci à étudier un modèle aux qualités routières encore améliorées, surnommé Alpine Eagle. Mais avant de se retirer pour

laisser place à la Phantom, chère à la Cour d'Angleterre, la Silver Ghost se métamorphosera en véhicule blindé, pour cause de Guerre Mondiale. Ses grandes qualités, robustesse, fiabilité et puissance, en feront l'un des véhicules les plus efficaces sur tous les terrains, entre 1914 et 1918. ■

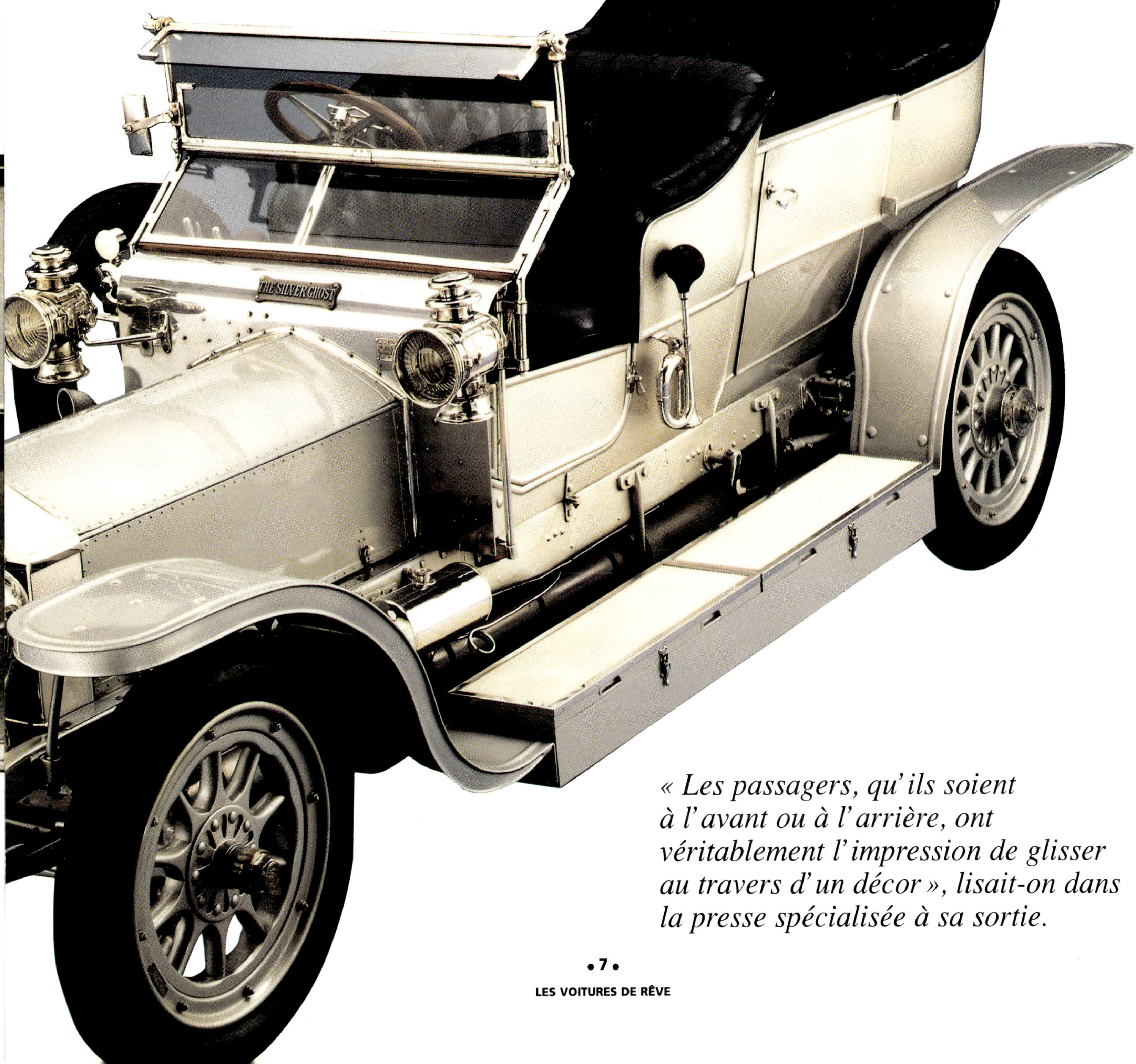

« Les passagers, qu'ils soient à l'avant ou à l'arrière, ont véritablement l'impression de glisser au travers d'un décor », lisait-on dans la presse spécialisée à sa sortie.

Renault 40 CV (1924)

C'est pour ne pas être dépassé par la concurrence, et notamment la concurrence américaine, que Renault, constructeur populaire, osa présenter en 1924 une grande voiture austère sous le capot de laquelle se trouvait un moteur 8 cylindres – symbole du luxe à l'époque. Si la Renault 40 CV, puis la Reinastella de 1928 n'ont jamais vraiment fait rêver les amateurs du monde, elles figurent parmi une catégorie pourtant prestigieuse. Car ces voitures, noires le plus souvent et déjà frappées du losange, s'imposèrent vite en France comme voiture de représentation officielle. La 40 CV devint ainsi dans l'Hexagone l'équivalent de ce qu'était la Daimler en Angleterre et l'Isotta Fraschini en Italie : la voiture du président de la République. Elle mérite à ce titre une place dans cette sélection de voitures prestigieuses, car elle fut en France à la fin des années vingt le symbole du luxe chez Renault. ■

La 40 CV fut la voiture officielle des présidents de la République. C'est à l'arrière d'une torpédo Renault 40 CV habillée par Million-Guiet que Gaston Doumergue quitte le château de Versailles, en juin 1924, après son élection.

Bugatti Royale (1927)

Une voiture de roi ou d'empereur, à l'esthétique d'une pureté parfaite, sans agressivité ostentatoire, et dont le moteur serait capable de tirer un autorail… Ainsi est née la Bugatti Royale dans l'esprit de son génial créateur, Ettore Bugatti, au tout début des années vingt. Mais le premier prototype de cette voiture légendaire ne fut présenté qu'en 1926.

Six carrosseries officielles habillèrent le châssis Bugatti, dont l'extraordinaire Coupé de ville du carrossier Binder et, bien sûr, le Coupé deux places au dessin signé Jean Bugatti.

La Type 41 – le nom officiel de la Royale dans la nomenclature Bugatti – était une voiture dont l'empattement dépassait les 4,60 m. Pesant au moins deux tonnes dans sa carrosserie la plus légère, la Royale disposait, sous son long capot, d'un moteur 8 cylindres en ligne de douze litres de cylindrée. Sa puissance, approximative, devait être d'environ 300 ch. On ne l'a jamais su avec exactitude.

La Bugatti Royale tire son prestige de sa ligne et de son moteur. Certainement pas de son habitacle, encore moins de son confort ou du silence qu'elle était censée offrir à ses heureux propriétaires. Bien au contraire. L'énorme huit cylindres rappelait sa présence à chaque instant, et la direction très dure de la Royale exi-

geait de son conducteur des muscles d'acier. Doté d'un couple exceptionnel, le moteur de 12 litres n'autorisait pas des performances époustouflantes. On a pu lire qu'une Royale pouvait atteindre les 200 km/h. Mais des pointes à 150 km/h paraissent bien plus réalistes. Et comment le vérifier ? Une Royale ne possédait ni compteur de vitesse, ni compte-tours. Conçue pour la conduite en douceur, et non pour de fulgurantes accélérations que ne permettait pas la puissance, finalement modeste, du douze litres, la Royale est certainement aujourd'hui la voiture de rêve de tout collectionneur. ■

Alphonse XIII d'Espagne,
Boris de Bulgarie,
Alexandre
de Yougoslavie
et Carol de Roumanie
s'y intéressèrent.
Mais la « Royale », la voiture aux ailes les plus longues du monde, ne devait jamais être la voiture d'un roi.

Alfa Romeo Gran Sport (1929)

Si les Rolls-Royce font depuis toujours rêver les amateurs de voitures de luxe, les Alfa Romeo, elles, attirent les amoureux du sport et des belles mécaniques aux sonorités musicales. Et la fameuse 6C 1750 de 1929 – dont la version Gran Sport est la plus prestigieuse – pouvait indiscutablement rivaliser avec les merveilleuses françaises Bugatti.

Construite en cinq variantes, cette Alfa Romeo à moteur six cylindres de 1 750 cm³ était bien sûr une deux portes découverte avec conduite à droite. La conduite à droite, adoptée depuis la naissance de l'automobile, trouvait son origine dans la compétition. Car sur les circuits, les voitures tournent en général dans le sens des aiguilles d'une montre. Le pilote, assis à droite, est ainsi mieux placé pour négocier les virages. La Gran Sport, réalisée à partir de la 6 cylindres, possède, comme la Super Sport, un empattement raccourci. Plus légère, elle est aussi plus rapide et file, en pointe, à près de 180 km/h. C'est l'une des sportives les plus performantes de l'époque. Les Gran Sport sont carrossées par Zagato, Farina ou Simonetti. La plus célèbre de toutes, la plus recherchée, est incontestablement celle signée par Zagato. Fine, élégante, déjà agressive avec son allure compacte et racée, elle dispose d'un radiateur très vertical à l'avant, signé Alfa Romeo, et à l'arrière, d'une, voire deux roues de secours superposées, installées en biais sur le couvercle de malle. Certains modèles de Gran Sport reçurent un compresseur – véritable œuvre d'art – qui permettait au moteur 1 750 cm³ de développer 85 ch, à 4 400 tr/mn.

Construite à moins de 400 exemplaires durant ses trois années seulement de production, la 6C 1750 se distingue évidemment en compétition. Les résultats qu'elle obtient aussitôt font d'elle l'une des voitures les plus convoitées par les jeunes. Au volant d'une Gran Sport, Campari et Ramponi remportent les Mille Miles en 1929, puis Nuvolari, l'année suivante. Une anecdote amusante a d'ailleurs marqué ces Mille Miles de 1930 et la victoire du pilote italien sur Alfa Gran Sport.

Nuvolari avait, comme principal rival, Achille Varzi, qui termina second de l'épreuve. Pour remporter l'édition, Nuvolari, qui partait une minute derrière Varzi pour cette course de 1 600 km, roula tous feux éteints la nuit, sur les étroites routes de montagne. C'était risqué, mais Nuvolari, sûr de son talent d'acrobate du volant, savait que cette technique serait payante. Il avait raison. Varzi, assourdi par le bruit de son six cylindres à compresseur, n'entendit pas son rival se rapprocher. Ne voyant pas ses phares non plus, il ne se rendit pas compte que Nuvolari était juste derrière lui. Et qu'il allait remporter l'épreuve.

La notoriété de la Gran Sport, agile, performante et fiable, n'en sera que plus grande. ■

NJ 6004

Mercedes SSK (1929)

C'est au prénom d'une jeune fille que le plus prestigieux des constructeurs allemands doit son nom : la fille d'un homme d'affaires d'origine autrichienne, Emil Jellinek, qui vivait à Nice à la fin du XIXe siècle. Représentant de la firme Daimler, celui-ci devait remporter en 1899 la course Castellane-Nice au volant d'une voiture de la marque. Sous le nom de « Mercedes », son pseudonyme pour l'épreuve. L'année suivante, Jellinek commande à Daimler plusieurs voitures spécifiques pour participer à de nouvelles compétitions. Toutes sont baptisées Mercedes et, dès 1902, des voitures de tourisme de marque Mercedes, sur base Daimler, sont vendues à des clients. Mercedes vient de naître.

Tous d'une grande qualité, les modèles Mercedes vont s'imposer, après la guerre, comme des produits de luxe. Certains allieront même sport et luxe comme cette SSK, la première voiture de rêve de la marque, issue de la famille des extraordinaires voitures suralimentées construites à partir de 1926.

Celles-ci s'affirment très vite comme les nouveaux fleurons de la performance. Version courte de la berline 170, la K de 1926 peut filer à 160 km/h, grâce aux 160 ch de son six cylindres de 6,2 litres à compresseur.

En 1927, la S – pour Sport – vient remplacer la K – Kompressor – avec un moteur délivrant 180 ch et un châssis plus rigide. Elle évolue en SS – Super Sport – en 1928 avec un moteur de 7,1 litres développant 225 ch, puis en SSK – Super Sport Kurz (courte) – l'année suivante. Version allégée, encore rigidifiée, la SSK demeure l'une des voitures les plus admirables et les plus admirées de l'histoire automobile.

Propulsée par un six cylindres en ligne à arbre à cames en tête de 7 065 cm^3, suralimenté par compresseur, cette Mercedes de légende, longue de 4,65 m, est capable d'atteindre les 200 km/h. La technique de suralimentation qui donne à la SSK son tempérament de feu a été mise au point pendant la Première Guerre mondiale sur les moteurs d'avion.

Avec ses deux sièges placés très en arrière, au bout du long capot abritant le six cylindres, avec ses impressionnantes sorties d'échappement latérales, ses roues à rayons chromées et sa grille de radiateur en nid d'abeilles, la SSK a une allure unique. Son volant est installé à gauche, et, entre les mains de pilotes de la classe de Rudolph Caracciola, il conduit la belle allemande à la victoire dans de nombreuses épreuves sportives. Entre 1928 et 1930, elle remporte le Grand Prix d'Allemagne au Nürburgring, les Mille Miles en Italie et le Tourist Trophy en Grande-Bretagne.

Capable de faire rêver même ses concepteurs, la SSK fait encore l'objet de nouveaux développements en 1930. Le châssis est allégé en perforant les longerons, et la puissance des moteurs est encore augmentée. Mais la SSK a atteint ses limites. Ainsi survitaminée, elle doit changer son moteur après chaque course. La version « Leicht » (légère) ne connaîtra pas la gloire de la SSK qui reste l'une des plus fabuleuses Mercedes jamais construites. ■

Maybach DS 8 (1930)

Magnifique, puissante, prestigieuse Maybach. Aujourd'hui propriété du groupe Daimler-Benz, la société allemande Maybach, qui ne construit plus d'automobiles depuis la fin de la Seconde Guerre mondiale, a laissé une vraie signature dans la production d'antan. Si ses activités n'ont duré qu'un peu plus de vingt ans, de 1922 à 1945, le modèle DS 8 présenté en 1930 restera comme le joyau de la marque. Et comme un joyau de l'automobile mondiale à cette époque.

Maybach, qui était installée sur les rives du lac de Constance, à Friedrichshafen, avait été fondée par Wilhelm Maybach, en 1912. Collaborateur de Daimler et de Ferdinand Zeppelin, le créateur du fabuleux dirigeable, pionnier à part entière de l'automobile, Maybach avait immédiatement eu en tête de construire des voitures luxueuses, capables de rivaliser avec Rolls-Royce. Ingénieux, talentueux et convaincu que le confort d'une automobile de prestige passait par le couple de son moteur – et donc sa cylindrée –, il choisit toujours de puissantes motorisations. La DS 8 est l'aboutissement de cette volonté.

Monumentale, proposée en version Limousine ou Cabriolet – des carrosseries signées par les plus grands spécialistes allemands du style –, elle abrite sous son capot un énorme douze cylindres de huit litres de cylindrée. Le 8, de DS 8. Le modèle inférieur, la DS 7, recevait bien sûr lui aussi un douze cylindres, mais de 7 litres seulement et développant 155 ch.

Une puissance de 200 ch, en 1930, classait donc Maybach parmi les plus prestigieux constructeurs du monde. Et la ligne des voitures était à la hauteur. Le Cabriolet par exemple avait un interminable capot, un petit pare-brise, de larges marchepieds et deux très longues portes. La calandre imposante, chromée comme les deux phares ronds, les passages de roues proéminents et la partie arrière très courte, surmontée de la roue de secours, lui donnaient une prestance incroyable.

La Maybach DS 8 était capable de filer à 180 km/h. Connue sous

le nom de Maybach Zeppelin, appellation qu'elle reçut plus tard pour souligner ses points communs avec le dirigeable, la DS 8 avait un moteur à bloc-cylindres en alliage léger disposé en V.

Après avoir reçu une boîte de vitesses à trois rapports, la Zeppelin douze cylindres sortit, à partir de 1935, avec un changement de vitesses semi-automatique à cinq rapports synchronisés, puis à sept rapports.

Vendue près de quarante mille Marks en 1936 – soit environ cent soixante mille de nos francs d'aujourd'hui –, la Maybach DS 8 ne connut pas, bien sûr, une très grande diffusion.

Moins de trois cents exemplaires sortirent des usines de Friedrichshafen, pour la plus grande joie des collectionneurs d'aujourd'hui. Bienheureux celui qui possède une Maybach Zeppelin dans son patrimoine. ■

Packard 12 C Le Baron (1930)

Après la fameuse Twin Six des années vingt, Packard lança, toujours dans le haut de gamme de l'automobile mondiale, des modèles à 12 cylindres en V de 7,3 litres de cylindrée qui développaient plus de 150 ch à 3 200 tr/mn. De nombreux carrossiers, et non des moindres, se penchèrent sur cette belle américaine pour lui offrir une robe personnalisée. Parmi ceux-ci, Brunn, Dietrich ou encore Le Baron dont nous présentons ici l'une des réalisations.

Admirables de pureté mais aussi d'agressivité grâce à leur calandre imposante et leurs ailes très galbées, les Packard servent toujours de référence lorsque l'on évoque cette période de l'industrie automobile américaine. ■

« Téléphonez simplement à votre concessionnaire Packard : il se fera un plaisir d'apporter la voiture devant la porte », suggérait une publicité de la marque au début des années trente.

Bentley Speed Six (1930)

Luxueuse marque britannique, propriété de Rolls-Royce son concurrent direct, Bentley garde aujourd'hui une image sensiblement plus jeune et plus moderne que Rolls-Royce. La doit-elle à ses succès en compétition dans les années trente ? Selon toute vraisemblance. Mais ses victoires en 1927, 1928, 1929 et 1930 aux Vingt-Quatre Heures du Mans, notamment avec une Speed Six, ont également conduit la firme à sa perte. Car c'est après avoir construit une série de 50 voitures à compresseur à la demande du pilote Tim Birkin, qui espérait gagner les Vingt-Quatre Heures en 1930 avec ce type de voiture spécifique, que Walter Owen Bentley dut céder son entreprise à Rolls-Royce en 1931. Birkin ne remporta pas l'épreuve car les moteurs à compresseur cassaient les uns après les autres. Et c'est finalement une Bentley Speed Six qui, après une lutte acharnée avec une Mercedes 7 litres à compresseur, gagna l'épreuve.

La Bentley Speed Six fit donc rêver, entre 1929 et 1932, tous les pilotes mais aussi les richissimes amateurs de belles mécaniques.

Dérivée de la grosse Big Six dévoilée au salon de Londres en 1925, la Speed Six disposait de l'énorme moteur six cylindres de 6,5 litres de cylindrée développant environ 180 ch. Capable de flirter avec les 200 km/h, carrossée en coupé au toit très bas ou en cabriolet, avec un habitacle tout à l'arrière et un long capot, la Speed Six sut à la fois être une bête de course et une élégante anglaise qui marqua les Années folles. Un défi sportif lui assura une renommée supplémentaire à partir de 1930 : sa victoire contre le Train Bleu, grâce au talent de son pilote légendaire, Woolf Barnato. ■

Cadillac V16 (1930)

Plongés dans la crise économique, l'Amérique et ses constructeurs de voitures de luxe souffrent en cette fin des années vingt. Et comble de l'insupportable pour General Motors, Cadillac, la plus prestigieuse firme outre-Atlantique, vient d'être détrônée par Packard. Alfred P. Sloan, le président de la GM depuis 1923, l'homme qui entend construire des voitures et les vendre à des clients de leur naissance à leur mort, ne supporte pas cette offense. Le douze cylindres de la Packard Twin Six ne doit pas rester sans réponse de la part de Cadillac. A ses ingénieurs qui lui proposent un V12 également, il répond... V16. Cadillac lancera ainsi le premier seize cylindres en V de la production mondiale. Ce sera un 7,5 litres duquel sera dérivé peu de temps après le V12 de 6 litres de la Cadillac 370. Un modèle qui connaîtra un succès commercial plus important que la seize cylindres, sans pour autant en égaler le prestige.

C'est Ernest Sealhom, l'ingénieur en chef de Cadillac de 1923 à 1944, qui signe le modèle 452, véritable nom de la V16.

Très élégante, proposée en berline, coupé, phaéton ou roadster, la V16 est évidemment une voiture extrêmement chère. Son prix est si exorbitant qu'en 1933 Sloan annonce que sa production

sera limitée à 400 exemplaires. Soit un pour chacune des 400 personnes inscrites sur le prestigieux classement des Américains les plus riches.

Longue de plus de 5 mètres, et pouvant atteindre 180 km/h, la Cadillac V16 était d'un confort exceptionnel. Extrêmement souple, son moteur était aussi très silencieux, grâce notamment à l'utilisation – pour la première fois sur un moteur de série – de poussoirs hydrauliques. Signées, pour la plupart, Fleetwood, le carrossier attitré de Cadillac, toutes les V16 ou presque passèrent

dans le garage des stars hollywoodiennes de l'époque. Certaines les préféraient luxueuses mais discrètes, grises soulignées de chromes, d'autres au contraire voyantes avec des roues à rayons rouges, d'autres encore noires et présidentielles. Quelque 4 000 unités furent en définitive fabriquées, alors que le modèle à moteur V12, lancé en même temps, et réalisé à partir du châssis de la Cadillac V8, se vendit à l'époque à près de 60 000 exemplaires. ■

Au cœur de la récession économique, la Cadillac seize cylindres affiche un luxe insolent.

Hispano-Suiza J 12 (1930)

Espagnole ou française, selon que l'on choisit son pays d'origine ou son lieu de fabrication, l'Hispano J 12 fut l'une des voitures de rêve les plus rares au monde, au début des années trente. On estime à une dizaine seulement la production de ces modèles d'exception, dotés d'un phénoménal moteur 12 cylindres en V de douze litres de cylindrée.

Installée à Barcelone depuis le début du siècle, et fondée par un ingénieur suisse, la firme Hispano-Suiza (Espagne-Suisse) construit en France son modèle de prestige. Proposée en quatre empattements, de 3,40 m à 4 m, la J 12 était une aubaine pour les carrossiers français qui réalisèrent de véritables chefs-d'œuvre. Il n'en reste aujourd'hui que trois ou quatre.

Cette rivale des Rolls-Royce était dotée d'un moteur inspiré de l'aéronautique et dont la destinée première était d'équiper des autorails.

Mais l'énorme bloc en aluminium développant 250 ch et consommant près de 50 l aux 100 km, n'était pas de trop pour emmener les 2 500 kg de l'Hispano à 150 km/h.

Dotée d'une ligne extrêmement sobre en général, d'une imposante calandre barrée par une réglette chromée supportant deux énormes phares ronds, l'Hispano arborait surtout au-dessus de son bouchon de radiateur une cigogne, l'emblème de la marque. Stylisé, en plein vol avec les ailes en bas, cet oiseau doré était l'œuvre du sculpteur François Bazin.

Voiture de rêve, l'Hispano séduisait ses heureux possesseurs par son moteur exceptionnel de souplesse, de puissance et de silence, mais aussi par son intérieur. Cuir épais, noyer massif au tableau de bord, cadrans ronds chromés disposés au centre de la planche de bord ; voilà pour l'ambiance intérieure. Imaginez les senteurs, les mélanges d'effluves de bois et de cuir, l'onctuosité du moteur de douze litres, et vous voilà devenu « l'Homme à l'Hispano ». Un très long levier de vitesses permet de passer les trois rapports de la boîte, à condition toutefois d'avoir une bonne pratique de l'instrument. Car sur une Hispano comme sur d'autres élégantes des années trente, changer de vitesse pouvait relever parfois de la performance. Si le créateur de la J 12 avait « oublié » de synchroniser les rapports, il avait en revanche prévu que les possesseurs de J 12, et plus encore leurs fidèles compagnes, auraient besoin d'un confort irréprochable. Un réglage des suspensions était donc possible, de chaque côté du volant. En fonction de l'état de la route. Suprême délicatesse sur cette voiture de légende qui coûtait environ 55 millions de nos anciens francs. ■

Duesemberg J (1930)

Américaine pure et dure, californienne dans l'âme, l'ostentatoire Duesemberg J constitue le paroxysme de la prospérité américaine. Une prospérité annonçant nécessairement une chute vertigineuse, il fallait absolument que l'Amérique construise une voiture de luxe à l'image de sa puissance, de sa richesse. La Duesemberg J, l'enfant de Frederick Samuel et August Duesemberg, est exposée pour la première fois au salon automobile de New York en 1928.

La calandre de cette longue et luxueuse découvrable fascine alors tous les visiteurs. Elle est énorme, comme la voiture, imposante, comme la voiture, majestueuse, comme la voiture. Construite à moins de 500 exemplaires – dont environ 40 seront exportés –, la Duesemberg J fait le bonheur des carrossiers américains et de quelques-uns de leurs confrères européens. Tous se penchent sur elle, tous veulent mettre leur griffe sur ce monument.

Environ deux fois et demi plus chère qu'une Cadillac, la Duesemberg est avant tout la voiture des stars. En reconnaissant à son volant, dans les rues de Beverly Hills, Gary Cooper, Clark Gable, James Cagney, Mae West ou Greta Garbo, les Américains rêvent. De cinéma et d'automobile.

Sous le long capot d'une Duesemberg, quel moteur peut bien se cacher ? Un moteur américain bien sûr. Donc un Lycoming, un robuste huit cylindres en ligne de 6,9 litres développant environ 265 ch. A partir de 1932, un modèle SJ suralimenté développera 320 ch. Une version spéciale à châssis court, la SSJ, fut construite en deux exemplaires, l'un pour Clark Gable et l'autre pour Gary Cooper. Ce dernier ne se satisfaisant pas de la mécanique standard, fit équiper sa voiture d'un moteur développant 400 ch qui terrorisait les résidants d'Hollywood.

Avec ses deux énormes phares, ses grosses trompes de klaxon, sa malle arrière imposante et sa capote basse revenant sur l'avant comme une casquette, la Duesemberg J fait encore rêver aujourd'hui des centaines de collectionneurs. Mais il ne reste plus beaucoup d'exemplaires de cette voiture que nombre d'experts en matière de design et de style ont qualifiée de parfaite : pureté des lignes, équilibre entre l'avant et l'arrière…

A bord, l'ambiance est du même ordre. Cuir pour les sièges, pour les contre-portes, pour les accoudoirs. Les compteurs sont ronds et placés au centre de la planche de bord, les chromes sont omniprésents. La commande de boîte de vitesses – à trois rapports – est douce, et cette lourde américaine de plus de deux tonnes peut filer à près de 180 km/h. Elle peut emmener quatre personnes bien sûr, mais c'est le plus souvent seul à bord que son propriétaire se montre. Ou en très galante compagnie. Voiture-star, voiture de star, la Duesemberg de nos rêves ne fut construite que jusqu'en 1936, année qui vit malheureusement la fermeture définitive des portes de l'usine. ■

Rolls-Royce Phantom II (1931)

Aboutissement logique du développement de la fameuse Silver Ghost au début du siècle, la Phantom II restera comme le chef-d'œuvre incontestable de la marque, réalisé sous le règne de Henry Royce.

Merveilleuse voiture, capable dans certaines versions de dépasser les 150 km/h, la Phantom II a été conçue autour d'un cahier des charges mettant en exergue le confort, le silence, la souplesse du moteur et, surtout, la fiabilité dans le temps. Les voitures Rolls-Royce devaient être les meilleures voitures du monde, pour toujours.

Carrossée par tous les grands maîtres européens, dont Keller à Paris, la Phantom II se prêtait parfaitement à une peinture bi-ton. Beige pour les flancs, noir ou bordeaux pour le capot et les ailes par exemple. Un capot long et rectiligne, terminé par l'énorme radiateur vertical au sommet duquel le sigle Rolls-Royce, deux R entrelacés, était encore argent et rouge. Ce n'est qu'en 1933, après la mort de Henry Royce,

« Le prix, on finit par l'oublier, mais la qualité demeure », aimait à répéter Henry Royce.

que les deux R devinrent noirs. En signe de deuil ? Peut-être. Mais aussi et surtout parce que le noir des deux lettres s'harmonisait davantage avec toutes les teintes possibles de carrosserie.

Et, sous le long capot de la Phantom II équipée d'une boîte à quatre vitesses et d'un pont flottant, le fameux six cylindres en ligne maison à soupapes en tête développait 7 670 cm^3.

Extrêmement confortable et souple, la Phantom II existait en berline ou décapotable, et pouvait selon les modèles emmener deux, quatre, cinq ou sept personnes. Sa longueur était donc variable, selon les carrosseries, mais s'inscrivait dans une fourchette allant de 5,05 m à 5,30 m. ■

Auburn Speedster (1932)

Créée en 1900 par Franck et Morris Eckart, fils de Charles Eckart, constructeur de charrettes dans l'Indiana, la marque Auburn n'eut que trente-sept années d'activités. Et sans Erret Lobban Cord – le fondateur de la marque Cord en 1929 – qui en prit les rênes en 1924, la vie de cette petite firme américaine eût été bien plus courte encore.

Auburn, pratiquement inconnue en Europe, figure aux États-Unis au rang des constructeurs de voitures de sport de prestige. Non pas que la firme en réalisa beaucoup au cours de ces trois décennies, mais parce que le Speedster présenté ici fut incontestablement l'une des sportives les plus enviées d'avant-guerre.

Conçue en 1932, cette Auburn à deux places, avec son long capot et son pare-brise très incliné, disposait sous le capot d'un 12 cylindres Lycoming en V de 6,4 litres développant 160 ch. Un autre modèle, plus léger, plus dépouillé aussi et doté d'un arrière étroit et pointu, baptisé « Skiff », sortit deux ans plus tard avec cette fois un moteur 8 cylindres développant 115 ch. Il était destiné à doper les ventes de l'Auburn Speedster qui n'avaient pas dépassé 7 000 unités en 1932 et à peine 4 000 en 1933.

Capable d'atteindre 165 km/h, l'Auburn Speedster ne sauva pas la firme des frères Eckart. Légendaire, la marque Auburn le restera au travers de ses découvrables performantes, dont bien peu nombreux sont les exemplaires existant aujourd'hui. Mais on peut oublier que, lorsqu'elle cessa de construire des voitures, la firme américaine se spécialisa dans la fabrication d'appareils de climatisation... ■

Mercedes 540 K (1936)

Présentée ici dans sa version roadster, la plus sportive et incontestablement la plus réussie, la Mercedes 540 K évoque toute une époque de l'automobile allemande. Symbole du luxe d'avant-guerre, elle est directement issue de la prestigieuse série des 500 lancée au salon de Paris en 1934. A cette date, les sigles servant à désigner les Mercedes seront désormais formés de plusieurs chiffres indiquant la cylindrée. Ainsi, la 540 K était dotée d'un moteur 8 cylindres en ligne de 5,4 litres de cylindrée. Lourde, très lourde même – plus de 2 400 kg –, la 540 K avait bien besoin des 180 ch de son brillant moteur pour filer à près de 170 km/h.

Majestueuse avec son imposante partie avant, la 540 K – le K signifie Kompressor (compresseur) – exista en cabriolet, roadster mais aussi coupé, cette carrosserie n'étant pas la plus heureuse. Dernière sportive flanquée de l'étoile construite avant la guerre, la 540 K fut pourtant critiquée lors de sa présentation. Les amateurs de la firme, habitués aux S, SS et SSK, lui reprochaient un manque d'agressivité.

Longue de 5,20 m, la Mercedes 540 K reçoit en 1939 une boîte de vitesses à cinq rapports, et un réservoir de carburant contenant 110 litres. Rien d'étonnant : cette belle allemande consomme au moins 30 litres d'essence aux 100 km.

L'habitacle de la 540 K est à la hauteur de l'extérieur : tableau de bord en noisetier verni, sièges en cuir épais, plancher recouvert d'une confortable moquette et capote doublée. Les cadrans de la planche de bord sont ronds, disposés au centre. Un impressionnant volant et une direction précise permettent d'emmener l'allemande à sa vitesse maximale, lorsque le compresseur est enclenché. Pour le freinage, il faut s'y prendre à l'avance. On n'arrête pas ainsi quelque 2 300 kg d'acier.

Malgré certains dissidents puristes qui manifestèrent leurs réticences à sa sortie, la Mercedes 540 K a traversé les ans sans que l'ombre d'une ride n'altère son image. Voiture de rêve il y a un demi-siècle, voiture de rêve elle est restée. Des collectionneurs parcourent le monde entier dans l'espoir d'en dénicher une. ■

CS 41C

Jaguar SS 100 (1936)

Lorsque William Lyons, le fondateur de la marque Jaguar, crée le roadster SS 100 en 1936, la firme qu'il dirige ne s'appelle pas encore Jaguar mais Swallow Sidecars. Swallow – hirondelle en anglais – associé à Standard, constructeur de moteurs, allait donner l'origine du nom : SS 100. Dérivée de la SS 90, la 100 était un roadster d'abord proposé avec un « petit » moteur de 2,5 litres développant 105 ch. Elle connut son apogée à partir de 1938, grâce au six cylindres en ligne à soupapes en tête de 3,5 litres développant 125 ch. Équipée d'une transmission à quatre vitesses et d'un pont flottant, la SS 100 était capable de filer à 160 km/h. Voiture de sport très prisée avant guerre, peu coûteuse par rapport à d'autres modèles concurrents, la SS 100 n'était pas luxueuse mais performante et robuste. Sa carrosserie en aluminium, sa planche de bord de sportive, sa roue de secours fixée sur le réservoir de carburant apparent et son allure générale, racée mais non ostentatoire, faisaient rêver bon nombre d'amateurs de belles mécaniques.

Ses excellents résultats en compétition, sa fiabilité et surtout les sensations qu'elle donnait à son propriétaire firent une sacrée publicité à cette petite anglaise. A tel point que la production annuelle de la marque dépassa les 5 000 unités en 1936. La production de la SS 100 fut interrompue trois ans plus tard, juste après le début de la guerre. On comprend qu'en 1945, lorsque Jaguar reprit ses activités, le sigle SS n'ait pas été réutilisé... ■

BMW 328 (1936)

Elle fut l'une des vedettes du Mans et des Mille Miles à la fin des années trente. Elle a été, elle est et restera à jamais la première BMW de la fabuleuse histoire du constructeur de Munich. La fameuse 328 roadster – également carrossée en coupé pour certaines compétitions – est une voiture magnifique, légère, fluide, qui dégage une impressionnante agressivité. Une puissance intrinsèque, un peu surfaite d'ailleurs au regard de son moteur, un six cylindres de moins de 2 litres de cylindrée qui ne développe pas plus de 80 ch en 1936. Mais qu'importe. Superbement dessinée, très aérodynamique, la BMW 328 se reconnaît immédiatement entre mille roadsters, grâce à sa calandre originale : un double « haricot » vertical, très haut, qui forme une bouche entre les deux gros yeux ronds intégrés à la face avant. Les ailes galbées mais de taille modeste, le marchepied latéral, et les sangles de cuir pour maintenir fermé le capot, contribuent au caractère de cette allemande. A l'arrière, la 328 peut recevoir des ailes pleines masquant les roues, ou évidées.

Capable de filer à 180 km/h et même à plus de 200 à partir de 1938 avec un moteur dont la puissance avait été portée à 100 chevaux, la 328 reste une voiture de légende, presque indémodable. Elle fut, en outre, la première voiture de série à recevoir une culasse en alliage léger avec soupapes en tête disposées en V, ainsi que trois carburateurs verticaux.

A bord, derrière le volant sport, deux gros compteurs font face au pilote qui s'installe au volant soit en ouvrant la mini-porte, soit, plus simplement, en l'enjambant. La roue de secours, elle, est encastrée dans le couvercle de malle.

Fabriquée de 1937 à 1940, à environ 450 exemplaires, la BMW 328 hanta les rêves de nombreux amateurs européens de belles mécaniques. Elle était la première voiture sportive de la marque allemande. Celle-ci, née en 1916 de la fusion de deux entreprises de Munich – la Rupp Motorenwerke et la Gustav Otto Flugmaschinenfabrik –, ne devait commencer à s'intéresser au secteur automobile qu'à partir de la fin des années vingt, après avoir construit exclusivement des moteurs pour avions puis pour motos.

Si la 328 a quitté la scène sportive pendant la guerre de 1939-1945, son identité – 328 –, immortelle, n'a jamais été abandonnée par le constructeur. Aujourd'hui encore, la berline et le coupé 328 BMW sont d'excellents modèles de prestige. ■

M-NC 6021

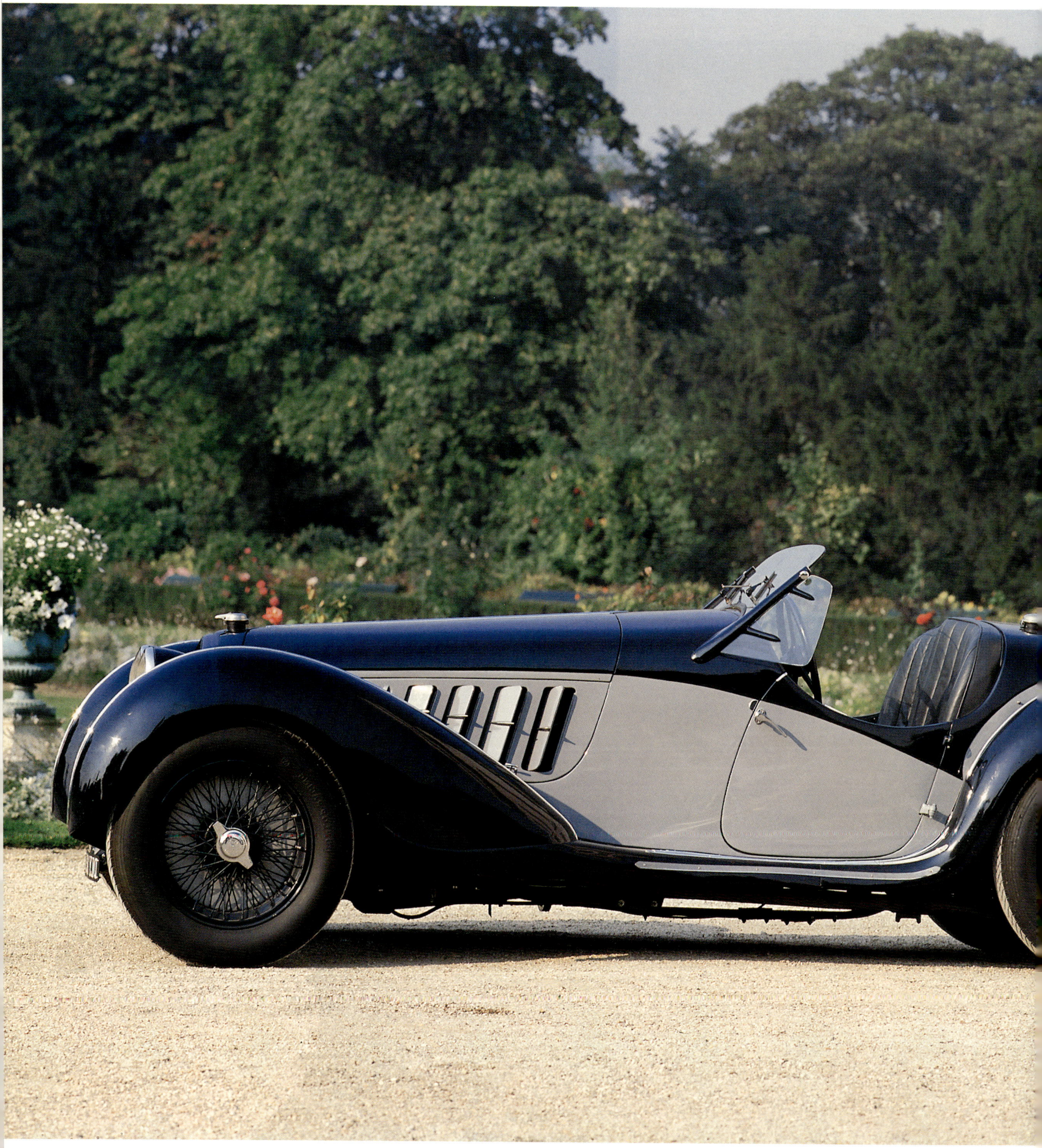

Alfa Romeo 8C 2900 (1937)

Peu connue car fabriquée à quelque quarante exemplaires seulement, l'Alfa Romeo 8C (huit cylindres) à moteur 2 900 cm^3 reste sans conteste l'une des italiennes de rêve d'avant guerre. Dessinée par Pininfarina et Touring à Milan, en coupé ou roadster, cette sportive cachait sous son long capot un brillant moteur huit cylindres en ligne, double arbre à cames en tête et deux compresseurs, capable d'emmener deux passagers à près de 200 km/h. Mais l'époque n'était guère favorable à la diffusion en nombre de ce genre de voitures performantes. Et Alfa Romeo n'avait pas l'image de Mercedes ou de Bugatti. La 8C à moteur 2 900 cm^3 resta donc confidentielle. Plus familières sont les Alfa Romeo 6C (six cylindres) qui connurent un véritable succès avec le moteur 2 300 cm^3 puis 2 500 cm^3 à partir de 1939. Au chapitre du rêve pourtant, c'est bien la 2900 qui fit vibrer bon nombre d'Italiens âgés de 30 ans à la fin des années… trente. ■

Directement dérivée de la course automobile, la 8C inspira les plus grands carrossiers du temps, Castagna, Touring et Pininfarina.

Bugatti 57 Atlantic (1937)

Au-delà des rêves dont elle a pu être la vedette, des milliers de fois sans doute, la Bugatti Atlantic reste une voiture à part. Totalement étrangère au monde automobile classique, fût-il celui du luxe.

Construite à trois exemplaires seulement, et née sous la patte de Jean Bugatti, l'un des fils d'Ettore Bugatti le fondateur de la marque, elle a été présentée en 1937. Véritable chef-d'œuvre de stylisme et d'audace, issu de la fameuse 57 S cataloguée à l'époque « meilleure voiture du monde », le coupé Atlantic semble venu d'une autre planète.

Avec son gigantesque capot, sa carrosserie en deux « coquilles » assemblées au centre par des rivets, dessinant une arête qui souligne son axe de symétrie depuis la calandre jusqu'à la lunette arrière, cette prestigieuse française est bien sûr flanquée de la célèbre calandre en fer à cheval. Chère à Ettore Bugatti, celle-ci est ici biseautée, le radiateur étant réalisé en « coupe-vent ».

Longue de 5,10 m et haute de 1,27 m, l'Atlantic a un empattement de 3 mètres ; sous le capot du monstre, c'est le huit cylindres en ligne double arbre qui fut monté. Comme sur les autres 57. Mais, agrémenté d'un compresseur, le fameux huit cylindres de 3,3 litres développe 200 ch. Et il permet à ce joyau de l'automobile de filer à 200 km/h. Rares sont les heureux conducteurs d'Atlantic qui ont pu vérifier ces chiffres. Jean Bugatti, lui, avait de nombreuses fois constaté la souplesse du merveilleux moteur, entre Strasbourg et l'usine de Molsheim. Mais le père de l'Atlantic, fou de compétition, fut victime de sa passion : il se tua en août 1939 sur cette route, au volant de la Bugatti qui venait tout juste de remporter les Vingt-Quatre Heures du Mans. Il ne s'agissait

pas d'une Atlantic bien sûr, mais d'une 57 G « Tank » ; celle-ci, en percutant un cycliste, marqua le début de la période noire pour Bugatti. Quelques semaines après le décès de Jean, la guerre éclatait. Occupée, l'usine alsacienne ne fut rendue à Ettore Bugatti qu'en juin 1947, deux mois avant sa mort. Malgré les efforts de Roland, le fils survivant, Bugatti ne connaîtra jamais plus la gloire. L'Atlantic, et la Type 57 en général, est considérée par les spécialistes comme la dernière « vraie » Bugatti, même si une Type 251 – bâtarde – vit le jour en 1956. Sept ans avant l'absorption de la firme par Hispano-Suiza. ■

Lagonda V12 (1937)

Elle s'appelle Lagonda, elle est britannique bien sûr, mais son nom est d'origine américaine et son « père » se nomme Walter Owen Bentley. Le fondateur soi-même de la marque Bentley. Complexe, l'origine de la Lagonda V12 ? Oui. Et lorsque vous saurez que Lagonda vient, en fait, d'Ough Lagonda, le nom d'un affluent de l'Ohio près de la ville de Springfield où naquit en 1859 Wilbur Adams Gunn, fondateur de Lagonda, vous n'y verrez pas plus clair. Explications : Gunn, apprenti chez Singer, le fabricant de machines à coudre, où ses talents de mécanicien éclatent au grand jour, est aussi chanteur d'opéra amateur. Pour tenter de faire carrière sur scène, il quitte l'Amérique pour l'Europe. Le destin le conduit à Londres où il entreprend de construire des motocyclettes que finance une richissime Anglaise dont il est tombé amoureux. Et c'est sous la marque Lagonda – lieu cher à son enfance – que Gunn commercialise ses deux-roues avant de construire des voitures à partir de 1906.

C'est au volant d'une de ses voitures que Gunn remporte en 1910 la course Moscou–Saint-Pétersbourg, assurant ainsi une réputation de fiabilité à sa marque dans la Russie du tsar Nicolas II. Gunn meurt en 1920 et, après plusieurs sauvetages successifs, c'est Bentley en personne – dont la société vient elle-même d'être rachetée par Rolls-Royce – qui se porte au secours de Lagonda à la fin des années vingt. Et c'est donc Bentley qui met au point, en 1937, le fameux V12 de cette Lagonda. Une grande voiture, sobre de ligne, à deux portes, décapotable ou non, et proposée en deux ou quatre places.

Ce moteur 4,5 litres à arbres à cames en tête, développant 180 ch, permet à la belle anglaise de filer à près de 170 km/h. Équipée d'un pont flottant et d'une boîte de vitesses à quatre rapports, la Lagonda V12 qui dépasse les 2 100 kg est bien sûr une rivale des Bentley et des Rolls-Royce, le prestige en moins. Mais elle plaît aux gentlemen soucieux de se distinguer. Et aux richissimes amateurs de sportives.

Car la Lagonda V12 brilla en effet aux Vingt-Quatre Heures du Mans, où elle termina troisième et quatrième en 1939, avec un moteur poussé à 220 ch. La Lagonda V12 est le seul véritable modèle de rêve de la firme, qui ferma ses portes en 1963, après avoir été rachetée par Aston Martin en 1947. ■

135 WV 92

Delahaye 135 (1938)

Née en 1893, la marque française Delahaye a vu le jour en Touraine, avant d'installer ses ateliers à Paris. Ce n'est qu'à partir de 1906 que la firme commence à se faire connaître dans le domaine automobile, après la mort de son fondateur Émile Delahaye. Une première voiture à transmission par cardans sort en 1907, cinq ans avant le lancement d'un moteur V6 performant. Constructeur de voitures à quatre et six cylindres, Delahaye rachète Delage en 1936 et sort un modèle de prestige, doté d'une ligne fluide et d'une haute calandre verticale : la 135. Cette base fit le bonheur des carrossiers européens qui personnalisèrent la Delahaye 135, à l'image de Figoni et Falaschi dont la réalisation est ici présentée.

La Delahaye 135 – qui disparaîtra en 1945 – se révèle aussi une sportive redoutable. Son brillant six cylindres de 3,2 litres est porté à 3,5 litres en configuration « course ». Avec ses 160 ch, sa boîte de vitesses à quatre rapports synchronisés, la Delahaye 135 remporte le rallye de Monte-Carlo en 1937 et 1938, et les Vingt-Quatre Heures du Mans l'année suivante. Ces succès ainsi que certaines belles réalisations de carrosserie font d'elle l'un des modèles de rêve de la fin des années trente. Et malgré la sortie, pratiquement simultanée, d'un modèle à douze cylindres, c'est bien la 135 qui restera comme l'œuvre automobile la plus réussie de Delahaye, avant que la marque ne soit rachetée par Hotchkiss en 1955. ■

VG 2
6142

Lancia B 20 (1951)

La Lancia B 20, présentée au salon de Turin en 1951 et fabriquée jusqu'en 1957, est la version coupé de l'Aurelia.

Lors de son lancement, la B 20 que ses concepteurs imaginaient comme « une voiture de sport en tenue de soirée » surprit en effet par son élégance discrète et son charme. Ni berline ni coupé véritable, cette italienne dessinée par Pininfarina fut l'un des plus beaux succès de Lancia. Construite à plus de trois mille exemplaires, elle était proposée en plusieurs modèles dotés de six cylindres en V allant de 2 litres à 2,5 litres. Grâce à d'excellentes qualités routières, la B 20 connut une carrière sportive digne de sa glorieuse ancêtre, l'Aprilia des années trente. Elle s'illustra notamment aux Mille Miles face à ses rivales Alfa Romeo, aux Vingt-Quatre Heures du Mans, dans la Panaméricaine, la Targa Florio et le rallye de Monte-Carlo qu'elle remporta en 1954. ■

Les chroniques sportives de l'époque ont largement relaté ses succès en compétition. Tintin lui-même ne poursuit-il pas à bord d'une Lancia B 20 une bande de dangereux malfaiteurs, dans L'Affaire Tournesol *?*

Fiat 8 V (1952)

« Dessinée par le vent ». C'est le slogan que Fiat associa à ce modèle lors de sa sortie, en raison de ses formes à la fois mouvementées et fluides. La Fiat 8 V fut la première italienne dont la carrosserie était en plastique, la première Fiat aussi à recevoir des roues indépendantes et, surtout, un moteur 8 cylindres.

Celui-ci, d'une cylindrée modeste de deux litres, à un seul arbre à cames en tête, développait 115 ch à 6 500 tr/mn et permettait à cette italienne d'atteindre la vitesse maxi de 190 km/h. La Fiat 8 V se distingua de nombreuses fois en course et remporta notamment en 1954 le Championnat italien GT de la classe deux litres. Au début des années cinquante, lorsque la 8 V s'alignait au départ d'une course, le public se déplaçait en masse pour l'applaudir. Agressive, racée, mais pas franchement élégante avec son énorme calandre ovale et son arrière court et arrondi, la 8 V enthousiasma bien des pilotes grâce à ses performances. Les modèles de course dépassaient en effet largement les 200 km/h. Elle reste aujourd'hui la seule Fiat à avoir reçu un huit cylindres sous le capot. ■

La Fiat 8 V – ainsi nommée parce que Ford était propriétaire de l'appellation V8 – ne fut construite qu'à cent quatorze exemplaires. La vitesse annoncée était de 190 km/h, et le prix de 2 800 000 lires.

670356 • MI

Chevrolet Corvette (1953)

S'il est une voiture qui fait rêver depuis des générations, c'est bien elle : la Chevrolet Corvette, née en 1953 et toujours d'actualité, dans une robe différente de celle de ses débuts bien sûr.

Propriété de General Motors, Chevrolet est née à Detroit en 1911, de l'association de Louis Chevrolet, un talentueux pilote suisse installé aux États-Unis, et de William C. Durant, un puissant industriel du Michigan. Le fleuron sportif de la firme américaine, la Corvette, au sein de la gamme Chevrolet dont les ventes atteignaient chaque année des sommets, naît au début des années cinquante du constat suivant : les Chevrolet sont moins rapides que leurs concurrentes. Un nouvel ingénieur en chef, Edward Cole, est chargé de régler ce problème. Reprenant l'idée d'un styliste maison des années trente, Cole propose de construire une voiture de sport découverte, dont la carrosserie serait en fibre de verre. Un premier prototype est présenté au début de 1953. Rapidement, sa mise en production est décidée ; les premiers exemplaires de cette sportive de rêve sortent des chaînes à la fin de la même année.

Avec sa calandre évoquant une gueule de squale, ses phares en bout d'aile, son petit pare-brise et son allure inimitable, la Corvette de 1953 est un joyau de l'automobile américaine. Après avoir reçu quelques temps un « vieux » moteur six cylindres développant guère plus de 150 ch, elle adopte une motorisation à la hauteur de son allure : un bon V8 comme on les aime de l'autre côté de l'Atlantique et qui lui permet de filer à près de 200 km/h sur les longues lignes droites de Californie.

La Corvette évoluera également dans sa ligne ; en 1958 d'abord, puis en 1963 où elle devient Sting Ray, et enfin coupé Sport en 1968. A cette époque, les grands défauts de la Corvette, sa tendance à sautiller du train arrière sur mauvais revêtements et son comportement survireur souvent dangereux, ont disparu. La Sting Ray voit sa puissance augmenter

régulièrement avec 300 ch pour le moteur 5,3 litres, puis 425 ch développés par l'impressionnant 7 litres à partir de 1966. Mais l'année suivante, la réglementation américaine sur la sécurité et l'environnement condamne la fabuleuse Corvette. Elle ne survivra que sous une forme radicalement nouvelle – la quatrième génération – à partir de 1970. Elle s'appelle toujours Corvette. Mais c'est une toute autre voiture que celle des débuts. ■

Bentley Continental R (1954)

Propriété de Rolls-Royce depuis 1931, Bentley, la prestigieuse firme britannique à caractère sportif, a présenté en 1953 la conduite intérieure quatre places la plus performante du monde : il s'agit bien sûr de la version Continental de la Série R. Cette Série R née elle-même quelques années plus tôt, fille légitime de la fameuse Mark VI, et proposée avec un changement de vitesse automatique en option.

La Continental R, dotée d'une carrosserie aérodynamique véritablement splendide, fluide et imposante, reçoit un moteur six cylindres en ligne de 4,9 litres de cylindrée. Celui-ci lui permet d'approcher les 180 km/h, dans un confort quasiment unique à l'époque. Les spécialistes de la marque considèrent que la Continental R est la seule Bentley a avoir été fabriquée par Rolls-Royce, dans ses usines de Crewe, dans l'esprit des Bentley chères à William Owen Bentley. Construite à deux cents exemplaires, la Continental R, dont la carrosserie était signée H.J. Mulliner (à l'exception de quelques unités), est indiscutablement l'une des anglaises les plus admirées au milieu des années cinquante. Et contrairement à ses éternelles rivales, les Rolls-Royce, elle possède ce côté sportif qui, malgré son poids élevé – plus de 2 tonnes–, lui donne une agressivité routière, soulignée par la présence de quatre phares à l'avant et par une partie arrière s'achevant en fuseau. A cette deux portes de prestige et à toute la Série R en général, succéda la S1 à partir de 1955, qui annonçait l'arrivée des S2 et S3 à moteur V8 en 1959. ■

BMW 507 (1957)

A la fin des années cinquante, BMW va mal. Très mal puisque l'on évoque même une possible faillite à Munich. Le choix de construire des voitures puissantes, alors que la clientèle semble vouloir des modèles plus abordables, s'est révélé une erreur de stratégie qui a failli coûter à la marque la fermeture de ses usines.

L'un des derniers modèles de ce « mauvais choix » industriel est pourtant, incontestablement, l'un des plus beaux de l'après-guerre. Il s'agit de la BMW 507.

Cette longue voiture plate et racée est une deux places dotée d'un hard-top. Sa carrosserie est signée Albrecht Goertz, un designer qui a participé au dessin de la Studebaker et de plusieurs autres modèles américains. Sous le capot, le moteur en alliage léger est un gros huit cylindres en V développant plus de 150 ch à 5 000 tr/mn. Malheureusement, cette belle sportive dotée de performances remarquables – elle peut filer à 200 km/h – ne trouva que 250 clients en cinq années de commercialisation. En compétition, le célèbre pilote Hans Stuck a remporté de nombreuses courses à son volant. ■

Destinée essentiellement au marché américain, la 507 – vendue neuf mille dollars – ne put jamais s'imposer face à des rivales comme la Chevrolet Corvette.

73 FLW

Aston Martin DB 4 (1958)

Née au début du siècle, la marque Aston Martin est l'œuvre d'un jeune Londonien passionné de course automobile : Lionel Martin. La première partie du nom, Aston, provient quant à elle d'une course de côte, baptisée Aston-Clinton, où Martin remporta sa première victoire de pilote. Après de nombreuses années noires sur le plan commercial et déjà plusieurs changements de propriétaires, la firme Aston Martin est rachetée en 1947 par David Brown – son cinquième propriétaire. C'est lui qui va donner à la firme britannique ses heures de gloire.

A l'origine construites essentiellement pour la compétition, les Aston Martin deviennent, avec Brown, des automobiles vraiment commercialisables sur tous les marchés. De toute la série des DB – les initiales de David Brown –, la plus remarquable de l'histoire d'Aston Martin est incontestablement la DB 4. Issue des DB 2 et DB 3, celle-ci possède lorsqu'elle sort en 1958 toutes les caractéristiques d'une très belle sportive de classe. Son allure est agressive, avec des airs de Ferrari, et son empattement est long. La voiture est imposante. Et sa mécanique, un six cylindres en ligne de 3,6 litres, peut développer jusqu'à 300 ch dans sa version Zagato. Celle-ci, dessinée par le carrossier italien, était une version allégée et surpuissante, capable de filer à près de 250 km/h et de passer de 0 à 160 km/h puis de s'arrêter, en moins de 30 secondes.

A l'intérieur, la DB 4 reste une voiture de sport, mais richement habillée de cuir. Et, de l'extérieur, un regard posé sur une DB 4 donne toujours un frisson. Voiture de rêve par excellence pour les amateurs de belles d'hier, la DB 4 offrait également aux oreilles des mélomanes une musique sans pareille. Son ultime version, la série IV sortie fin 1961 et légèrement redessinée (ailes avant arrondies, calandre à grille, prise d'air plus aplatie), préfigurait la DB 5 construite à partir de 1963 – bien connue sur les écrans comme « la voiture de James Bond ». En 1969 la firme adopta un nouveau moteur à huit cylindres, mais les carrosseries n'avaient décidément plus l'allure du passé. Heureusement, la toute nouvelle DB 7 présentée en 1994 renoue avec le charme d'antan. ■

Mieux qu'un palmarès sportif, l'Aston Martin bardée de gadgets conduite par James Bond dans Goldfinger *et* Opération Tonnerre *contribua à la notoriété de la marque.*

Maserati 5000 GT (1959)

Si le seul nom de Maserati est synonyme de rêve automobile, certains modèles flanqués du trident – l'emblème maison – évoquent plus que d'autres le prestige de la célèbre firme fondée en 1914 à Bologne. La 5000 GT fait partie de cette famille. Voiture exceptionnelle, cette Maserati l'est de par sa naissance même : elle a été créée, en carrosserie deux portes, pour le shah d'Iran. Grand amateur de voitures de luxe, collectionneur exigeant, le shah désirait un puissant coupé à l'allure agressive et, si possible, unique. C'est Touring qui réalisa cette carrosserie majestueuse. L'avant, long, large et plat, s'achevait par une imposante calandre ovale que venait traverser l'imposant trident au bout d'un « bec » de tôle séparant le capot en deux parties. Quatre gros phares ronds cerclés de chrome soulignaient encore l'agressivité de l'ensemble. A l'intérieur, cuir et bois s'harmonisaient parfaitement. Et, sous le capot, cette Maserati recevait le nouveau moteur maison de l'époque : le huit cylindres en V de 5 litres de cylindrée, dérivé du moteur de la fameuse 450 S qui s'illustra en compétition.

Fabriquée à dix-huit exemplaires seulement en version coupé, mais habillée par différents carrossiers, la 5000 qui filait à plus de 240 km/h fut ensuite déclinée en une grosse berline de prestige, la quatre portes. Si cette dernière connut un succès commercial plus important que l'étonnant coupé, elle ne possédait vraiment plus l'esthétique de rêve de son aînée... royale ! ■

Facel Vega Facel II (1961)

Dix ans. Facel Vega, marque automobile française d'après-guerre, n'aura vécu que dix ans. L'aventure la plus brève de toute l'industrie automobile mondiale. Née en 1954 et morte en 1964, Facel Vega a pourtant marqué son époque. Et les modèles, aujourd'hui encore, restent très prisés par les collectionneurs. Peu nombreux, compte tenu de l'existence éphémère du constructeur, ils font le bonheur de leur propriétaire.

La firme Facel Vega doit son origine au génie mécanique de son fondateur, J.C. Daninos (le frère de l'auteur des célèbres *Carnets du major Thompson*). Daninos, qui débute sa carrière chez Citroën et travaille sur le cabriolet 11 CV, crée ensuite sa propre entreprise, en 1940 : les Forges et Ateliers de Construction d'Eure et Loir (FACEL). Quatorze ans plus tard, après avoir travaillé successivement pour Rolls-Royce au département aviation, pour Panhard, Simca et Ford, Daninos ajoute Vega – du nom de la célèbre étoile – pour fonder sa marque automobile.

De tous les modèles Facel Vega, le plus prestigieux, celui qui fit rêver bien des passionnés au début des années soixante, est incontestablement la Facel II.

Destinée à remplacer la HK 500, la Facel II est large et imposante, avec un pare-brise très incliné. La calandre en trois parties est encadrée de doubles phares caractéristiques disposés en bout d'aile, l'un au-dessus de l'autre.

Élégante, traitée avec raffinement, la Facel II est avant tout une sportive de prestige. Avec son tableau de bord aux multiples cadrans, semblable au poste de pilotage d'un avion, la Facel II emmène ses passagers à près de 240 km/h. Son premier moteur est un V8 Chrysler de 6,3 litres dont les 383 ch lui permettent des accélérations foudroyantes. La Facel II passe de 0 à 100 km/h en à peine plus de 8 secondes.

Deux ans plus tard, Daninos propose dans son modèle de prestige un nouveau V8 de 6,7 litres développant cette fois

400 ch. A l'époque, la police californienne disposait du même moteur dans ses véhicules d'intervention. Équipée d'une boîte de vitesses à quatre rapports – la première était poussée jusqu'à 65 km/h –, la Facel II connut ainsi quelques heures de gloire. Mais ses caractéristiques et son prix trop élevé pour une voiture française ne permirent pas à la société de Daninos d'en fabriquer plus de 200 exemplaires. Sur une production totale Facel Vega d'environ 2 000 voitures. ■

Ferrari 250 GTO (1962)

Directement issue de la compétition sur circuit, extrapolée de la Ferrari GT – le O signifiant en italien Omologato –, la Ferrari 250 GTO est l'une des voitures les plus impressionnantes de l'après-guerre. Ce bolide rouge fabriqué à moins d'une quarantaine d'exemplaires, conçu en conformité avec le nouveau règlement de compétition en Grand Tourisme, à la suite du dramatique accident au Mans en 1955 où quatre-vingt-deux personnes trouvèrent la mort, fut la dernière Ferrari de compétition à moteur avant utilisable aussi sur route.

Avec son nez plongeant, son long capot masquant l'imposant V12 à arbres à cames en tête et son habitacle ramassé sur l'arrière, la GTO a une gueule bien à elle. L'arrière, caractérisé par une quadruple sortie d'échappement, reçoit un petit becquet très droit sur toute la largeur de la voiture.

Réalisée à partir du châssis et de la suspension de la 250 GT, la GTO devait remplacer la GT dans les courses d'endurance ; elle remplit parfaitement sa mission. Son puissant moteur 3 litres accouplé à une boîte à cinq vitesses lui permettant de flirter avec les 300 km/h, elle remporta le Championnat du monde en 1962, 1963 et 1964. ■

Depuis 1990, la mythique GTO détient aussi le record des plus fortes enchères jamais atteintes par une voiture : quelque onze millions et demi de dollars !

Alpine A 110 (1963)

Étonnante histoire que celle de cette voiture mythique en Europe, née dans l'esprit d'un amateur et devenue le symbole de toute une époque. Nous sommes en 1952. Jean Rédélé, fils d'un concessionnaire Renault de Dieppe, dans le nord de la France, crée sa propre voiture pour s'aligner en compétition. Mais sa 4 CV préparée n'est pas aussi performante qu'il le souhaite.

Avec le carrossier italien Allemano, il conçoit alors un coach en aluminium sur châssis de 4 CV équipé d'une boîte de vitesses à cinq rapports élaborée par ses soins. En 1953, cette drôle de voiture remporte ses premières victoires : Liège-Rome-Liège, les Mille Miles et la Coupe des Alpes. La voiture de Rédélé ne s'appelle pas encore Alpine et son concepteur n'a pas encore le total soutien de Renault. Le nom de la voiture vient de l'épreuve française – la Coupe des Alpes. Rédélé réalise sa première véritable Alpine en 1956 : la A 106. Mais le modèle à succès de la société dieppoise n'apparaîtra qu'en 1963. Il s'agit bien sûr de la fameuse Berlinette, baptisée officiellement A 110.

Équipée des moteurs retravaillés de Renault 8 puis de R 8 Gordini, développant 84 ch et autorisant une vitesse maxi de 210 km/h, l'Alpine A 110 fait merveille. Elle surprend, enthousiasme, séduit. Tout le monde veut la piloter tant son agilité est étonnante et son plaisir de conduite excitant.

La voiture – bleu France le plus souvent – a une gueule étonnante. La carrosserie est en plastique renforcé de fibre de verre, le châssis à poutre centrale portante, et le moteur placé derrière l'essieu arrière.

A bord, on est couché. Devant les yeux du pilote, d'énormes compteurs ronds indiquent les niveaux et la vitesse. Facile, bruyante à souhait, fiable, la petite française venue d'ailleurs remporte des dizaines de compétitions internationales dont le rallye de Monte-Carlo. Sur le plan commercial, les liens avec Renault se resserrent. La Régie distribue les Alpine dans son réseau, les moteurs des A 110 gagnent en puissance et en cylindrée. Les ventes passent de 300 unités en 1965 à 1 400 en 1972. Alpine rencontre le succès. Jean Rédélé est un homme heureux, son enfant a désormais une réputation mondiale.

La marque française, qui sortira ensuite la A 310 puis la A 610 avec Renault, ne connaîtra pourtant jamais plus la consécration sportive. Ses modèles sont de plus en plus performants, certes, mais aussi de plus en plus luxueux. Et, surtout, de plus en plus chers. La dernière Alpine, la A 610, coûtait en 1995 près de 500 000 F. Renault a-t-il contribué au déclin d'Alpine, comme il avait contribué à son succès, trente ans plus tôt ? Sans doute, mais l'époque elle-même a changé. La marque au losange a eu besoin de capitaliser sur son nom avec Renault Sport, champion du monde de Formule 1. Entre-temps, Alpine dépérissait. Un projet de « petite Alpine », au début des années quatre-vingt-dix, s'est vu refusé par la direction de Renault. Et rien ne dit que, s'il avait vu le jour, il aurait porté les couleurs d'Alpine. Alpine est mort en 1995. En été. Discrètement. Renault n'a rien dit. Après avoir bénéficié de l'image sportive de cette marque historique, la grande maison aurait pu lui rendre hommage. A moins que le dernier mot ne soit pas encore dit, ce qui semble bien improbable. ■

Lamborghini Miura (1966)

Lorsque s'ouvre le traditionnel salon automobile de Turin, fief de Ferrari, en 1963, journalistes et visiteurs n'en croient pas leurs yeux. Ferrari n'est plus le seul constructeur européen à fabriquer des moteurs 12 cylindres. Lamborghini, jusque-là spécialisé dans la construction de tracteurs, présente lui aussi un V12 dans une voiture à la ligne tortueuse et sans grande harmonie. Elle s'appelle 350 GTV et sa vitesse maxi annoncée est de 280 km/h.

Mais le modèle à succès de la firme fondée par Ferrucio Lamborghini, sa plus grande réussite commerciale aussi, reste la P 400 Miura. Lancée en 1966, cette voiture carrossée par Bertone offre une silhouette surbaissée et ultra-sportive, avec une partie arrière taillée à la hache. Les deux portes sont à ouverture classique, mais le long capot avant et le capot moteur s'articulent aux deux extrémités de la voiture. Ainsi, le capot avant se lève vers l'avant, et le capot arrière, vers l'arrière.

Haute de 1,05 m seulement pour une longueur de 4,37 m et une largeur de 1,76 m, la Miura dispose d'un gros V12 placé transversalement juste derrière les deux sièges. La boîte de vitesses à cinq rapports est signée Lamborghini elle aussi et la Miura, forte de ses 375 ch, file à plus de 270 km/h dans un bruit exceptionnel. Lors des essais, la voiture est jugée par la presse comme la voiture de série la plus rapide et dont le pilotage s'apparente le plus à celui d'une véritable voiture de course.

Abandonnée en 1971, la Miura laissa sa place à une autre sportive de légende marquée du taureau noir Lamborghini : la fabuleuse Countach. Autre voiture, autre rêve. ■

Morgan (1968)

Cette petite voiture, qui porte le nom du fondateur de la marque née en 1911, H.F.S. Morgan, est une anglaise par excellence. Décapotable, de taille réduite, très basse et réalisée de façon assez simple, elle reçoit pourtant un gros moteur V8 de 3,5 litres développant 185 ch. La Morgan de 1968, légèrement plus longue que le modèle précédent, dispose de quatre phares ronds à l'avant, entourant la caractéristique grille de calandre arrondie sur la partie supérieure. A l'arrière, la roue de secours disposée sur le couvercle de malle donne des airs rétro à ce petit roadster capable d'atteindre 200 km/h.

Typique d'un certain d'esprit, la Morgan a fait rêver d'innombrables amateurs de voitures anglaises. Il n'est pas rare d'en rencontrer encore aujourd'hui, l'été, en excellent état, sur les routes d'Europe. Les puristes la préfèrent en général dans sa version quatre places, moins connue. ■

Selon le mot d'un journaliste anglais, « la Morgan est à peu près aussi aérodynamique qu'une cathédrale gothique ». Tradition oblige.

Ferrari 365 GTB/4 Daytona (1969)

Longue à l'avant, courte et trapue à l'arrière, cette Ferrari reste pour beaucoup d'admirateurs de la firme de Maranello comme un chef-d'œuvre. Avec son museau fin, ses phares disposés sous une vitre, ses quatre sorties d'échappement et ses doubles petits feux ronds à l'arrière, la 365 GTB/4 dessinée par Pininfarina avait des airs de coupé bien sage. Mais un simple tour de clé dans le démarreur suffisait pour se rendre compte, à l'oreille, du caractère rageur de la mécanique.

Très vite rebaptisée Daytona, la 365 GTB/4 recevait le fameux V12 maison double arbre de 4,4 litres de cylindrée. Le nombre 365 de son nom indiquait le volume (en cm^3) de chaque cylindre. Le B de GTB signifiait « Belinetta » et le 4 rappelait la présence des quatre arbres à cames. Développant quelque 355 ch, le douze cylindres permettait d'emmener la GTB 4 à plus de 280 km/h dans un bruit d'enfer. Mais seuls des pilotes expérimentés étaient capables de tenir la « bête » à cette vitesse-là. La Daytona, qui participa à plusieurs compétitions dont les Vingt-Quatre Heures du Mans, connut un véritable succès commercial aux États-Unis. La côte californienne réclamant une version découverte, les designers de Pininfarina proposèrent une version cabriolet. La 365 GTB/4, dans ses deux carrosseries, figure parmi les plus belles sportives, les plus pures aussi, des années soixante-dix. ■

Citroën SM (1970)

Née chez Citroën, sur les chaînes du quai de Javel à Paris, mais dotée d'un brillant – et un peu fragile – moteur Maserati, la SM est une voiture à part. Berline de grand tourisme, française de grand luxe, elle est aussi une sportive en robe de soirée. Longue, large et impressionnante avec sa proue pointue barrée d'un large bandeau de verre recouvrant les phares, cette Citroën hors normes fut et reste une voiture de rêve. Lorsque le constructeur au double chevron la dévoile, au salon de Genève en 1970, la presse et le public n'en croient pas leurs yeux. Personne n'ignore que Citroën a toujours réalisé des produits surprenants – la DS par exemple – mais une telle voiture, puissante et sûre, si différente de tout autre véhicule existant, déchaîne les passions. Les journalistes s'enthousiasment pour la SM. Le public aussi.

Douze mille neuf cent vingt exemplaires de SM sortiront des usines entre 1970 et 1975, dont 60 % partiront à l'étranger. Parmi les pays qui l'importèrent, les États-Unis furent les plus convaincus par les qualités routières de cette Citroën pas comme les autres. Après avoir remporté en France la « Palme d'or » décernée par le magazine *L'Automobile*, elle reçoit, outre-Atlantique, l'hommage de *Motor Trend*, l'une des plus importantes revues automobiles américaines : « Elle possède pratiquement toutes les qualités de ses concurrentes, mais elle offre en plus une séduction unique et irrésistible pour tous ceux qui aiment l'automobile » écrit le magazine américain.

Élue, après des tests de longue durée, devant de sérieuses rivales comme la Porsche 911 S, la Jaguar XJ6, la Ferrari Dino 246 ou la Cadillac Eldorado, la SM est le porte-drapeau de l'industrie automobile française.

Dans son pays d'origine, la limousine au capot sans fin et à l'arrière tronqué devient la voiture des hommes d'affaires et des stars. Malgré ses deux portes exclusives – très larges –, elle peut emmener dans un espace habitable très confortable quatre per-

sonnes. Son puissant moteur V6 de 2 670 cm^3, qui développe 270 ch, lui permet de filer à plus de 220 km/h. Équipée d'une révolutionnaire suspension hydropneumatique et d'une direction assistée à rappel asservi à la vitesse – qu'il faut découvrir prudemment avant utilisation –, la SM est également un modèle de technologie.

Elle séduit les stars, les présidents de la République, le shah d'Iran, Alain Poher, Valéry Giscard d'Estaing et... les gendarmes. Ces derniers voient en elle l'arme absolue pour lutter contre la vitesse et pourchasser les contrevenants sur autoroute. Combien d'automobilistes conduisant de puissantes sportives ont vu arriver dans leur rétroviseur la « gueule » d'une SM bleu France, avec gyrophare ? Souvenirs cuisants…

Aujourd'hui, la SM appartient à la légende automobile française. Des clubs ont fleuri un peu partout en Europe et même aux États-Unis. Les heureux possesseurs de Citroën Maserati avouent caresser la carrosserie de leur belle, écouter longuement le moteur italien ou encore admirer la planche de bord et ses larges compteurs de forme ovale qui la caractérisent. On possède une SM comme on acquiert un objet de collection, une œuvre d'art.

Voiture différente elle fut, voiture différente elle restera. La SM est pour toujours une Citroën hors normes, à l'arrière de laquelle prend place, encore aujourd'hui, le chef de l'État fraîchement élu pour aller de l'Élysée à l'Arc de Triomphe. Une manière de rendre à cette française l'hommage qu'elle mérite. ■

Lamborghini Countach (1971)

Countach. Ce seul mot est une invitation aux rêves les plus fous. C'est probablement ce que vécut l'un des ouvriers de Bertone, en 1970, lorsqu'il s'extasia devant le prototype de cette voiture sans égale. « Countach ! ». Une exclamation argotique marquant, en italien, la surprise, l'admiration. Involontairement, cette italienne signée Lamborghini venait d'être baptisée. Et d'un nom qui, contrairement aux autres modèles, ne rappellerait pas la tauromachie.

La Lamborghini Countach reste, aujourd'hui encore, une voiture d'exception. Remplacée désormais par la Diablo, elle fut l'aboutissement du fameux style « en coin » des années soixante-dix.

Présentée dans sa version proto en 1971, la Countach ne sort véritablement des chaînes qu'en 1974. Plate, large, caractérisée par une face avant en lame et surtout par des portes s'ouvrant en élytre, elle devient monstrueusement impressionnante lorsqu'elle roule, de nuit, avec ses quatre projecteurs avant escamotables, sortis de leur logement.

A bord, cette Lamborghini-là est aussi étonnante. Les deux passagers sont pratiquement couchés et la large planche de bord qui rassemble huit compteurs ronds s'étire vers le passager. Ici aussi, toutes les lignes sont tendues. Et, lorsque la clé tourne dans le contact, la musique devient un véritable concert.

Sous le capot, en remplacement du douze cylindres de 5 litres présenté sur la version initiale, c'est un V12 de 4 litres qui est proposé en 1974. Cet extraordinaire moteur, qui délivre une puissance de 370 ch, autorise une vitesse maxi de 310 km/h. Légère, bien équilibrée, la Countach est une arme redoutable sur la route. Longue de 4,15 m pour une hauteur de 1,03 m seulement, cette anti-Ferrari déchaîne aussitôt les passions. Tous les amateurs de sportives prestigieuses la veulent. Et son succès dure jusqu'à la fin des années quatre-vingt. A cette époque, la Countach ne dispose plus d'un douze cylindres de 4 litres, mais de 5 litres. Celui dont sera extrapolé le 5,7 litres de celle qui la remplacera : la Diablo. ■

Aston Martin Lagonda (1976)

Hors du temps, hors des modes, la Lagonda est une voiture qui se conjugue au superlatif. Ce long « vaisseau » de 5,30 m, dessiné en lame à l'avant et à l'arrière, surprend mais aussi dérange. Luxueuse, puissante, elle arbore un profil de limousine américaine. Elle est pourtant bien anglaise, comme toutes les autres Aston Martin. Extrêmement peu diffusée, la Lagonda se fit connaître dans plusieurs films, conduite par des vedettes du grand écran.

Si son moteur est puissant – un V8 de 5,4 litres qui lui permet de filer à 250 km/h –, c'est à l'intérieur que la Lagonda prend toute sa dimension. Très spacieuse pour quatre, elle offre de larges fauteuils de cuir, des finitions de ronce de noyer et une planche de bord transmettant les indications par diodes lumineuses. Compte-tours et compteur de vitesse sont ainsi représentés par des courbes au centre d'un monumental et rectangulaire tableau de bord. Assez peu esthétique, mais surprenant, celui-ci est le point de départ d'une large console centrale qui sépare les deux sièges avant. Ainsi, conducteur et passager avant droit se retrouvent chacun assis dans un espace très fermé.

La boîte de vitesses est automatique à trois rapports – confort oblige – et les équipements sont nombreux : cruise-control, climatiseur, chaîne hi-fi sophistiquée, sièges à réglages électriques, lumière tamisée, etc. La Lagonda, taillée à la serpe, veut être la réponse d'Aston Martin à Mercedes, voire à Rolls-Royce, dans le domaine des limousines de prestige. Pourtant, la Lagonda restera ultra-confidentielle même si, à la fin des années soixante-dix, elle fit rêver bon nombre de P.-D.G. en mal de distinction. ■

AML

Aston Martin DB 7 (1994)

Le dernier chef-d'œuvre de la firme britannique, aujourd'hui propriété de Ford, est né en 1994. Lorsque ses pères annoncent sa présence sur le stand du salon de Genève, certains amateurs d'Aston Martin croient à un concept-car. Un modèle unique, de salon, sans « descendance » commerciale. En un mot, que l'on ne pourra pas acheter. Erreur. La DB 7 est une vraie voiture. Et, surtout, une véritable Aston, digne de la grande et prestigieuse lignée des DB.

Agressive, avec une face avant s'achevant en « bouche » encadrée de deux doubles phares ronds disposés sous des « paupières » à moitié fermées, elle inspire la puissance et la classe à la fois. Sobre, plate et large, avec un arrière trapu, la DB 7 fait l'unanimité quant à sa ligne. Elle n'est pas ostentatoire, mais circuler à son volant vous distingue immédiatement des autres propriétaires de voitures de sport.

Le possesseur d'une Aston, même moderne, est un être à part. Un homme de goût indiscutablement, qui, s'il aime la puissance et la musique d'un six ou d'un huit cylindres selon les modèles, place le raffinement en tête de ses priorités. Habillé de cuir et de bois, l'intérieur de la DB 7 est lui aussi sobre et racé. La planche de bord se caresse, se hume.

Ce coupé 2 + 2 reçoit sous le capot avant un six cylindres en ligne de 3,2 litres à compresseur, développant 340 ch. La « moins » puissante des Aston file ainsi, en pointe, à plus de 260 km/h et s'autorise une accélération de 0 à 100 km/h en 5,7 secondes.

Longue de 4,65 m, la DB 7, qui est une propulsion, pèse environ 1 700 kg. Proposée avec une boîte de vitesses mécanique à cinq rapports ou automatique à quatre rapports, elle est dotée d'un différentiel autobloquant. Efficace en conduite sportive, cette anglaise bien sous tous rapports est avant tout un élégant coupé de prestige, qui avale les kilomètres en douceur. ■

Audi A8 4,2 L (1994)

Cette longue et prestigieuse allemande est la mieux armée de la gamme Audi pour répondre aux références du luxe et du prestige que sont les BMW Série 7 et Mercedes Classe S. Réalisée en aluminium, la carrosserie de l'Audi A8 est issue de celle présentée sur le concept-car Space Frame. Lancée en 1994, l'Audi A8 est une lourde berline de 1 800 kg, qui peut emmener cinq personnes dans un confort absolu. Son habitacle, la réalisation de chaque élément composant l'intérieur, la planche de bord ou les équipements en font l'une des berlines modernes les mieux réalisées et les plus réussies sur le plan esthétique.

Sous le capot, c'est un moteur V8 multisoupapes de 4,2 litres qui a pris place, longitudinalement, à l'avant. Équipée d'une transmission intégrale, l'A8 4,2 litres est dotée d'une boîte de vitesses automatique à quatre rapports, à convertisseur hydraulique. Sa vitesse maxi a été limitée volontairement à 250 km/h. Elle passe de 0 à 100 km/h en 7,3 secondes, dans un silence déconcertant. ■

Carrosserie en aluminium,
moteur V8, transmission intégrale…
Audi fourbit ses armes
face à Mercedes et BMW,
les références pour les berlines
haut de gamme.

IN C 9129

IN C 1647

Audi Avant RS 2 (1993)

Un break parmi les voitures de rêve ? Drôle d'idée, pensera-t-on, que d'associer aux plus puissantes sportives du monde et aux plus prestigieuses limousines, une voiture à la silhouette de modèle utilitaire. Mais il faut avoir conduit une Audi Avant RS 2 pour savoir que cette allemande-là n'est pas née pour le transport de betteraves ou de moellons de ciment.

Réalisée par Audi pour ce qui est de la carrosserie, l'Avant RS 2 a été développée par Porsche. Ceci explique cela. Au-delà du fait que la RS 2 figure parmi les breaks les plus rapides du monde – 260 km/h –, cette familiale reconvertie en bête de la route se révèle une véritable attaquante. A son volant, la montée du Ventoux devient une spéciale de rallye du Championnat du monde. Et son pilote, en exploitant les 315 chevaux bien présents du cinq cylindres en ligne 2,2 litres turbo multisoupapes, a l'impression d'être dans le baquet d'une vraie Porsche.

De plus en plus prisés en Allemagne et en Suisse, les breaks de luxe à caractère sportif ne manquent pas d'atouts : leur tempérament, incontestable, leur habitabilité de familiale à quatre portes et leur coffre spacieux, bref leur polyvalence, en font la voiture idéale de toute une famille.

Avec ses 1 600 kg, son accélération de 0 à 100 km/h en 5,4 secondes – comme une Porsche 911 –, l'Audi Avant RS 2 fait rêver bien des pères de famille qui ont la nostalgie de leur puissante sportive de célibataire. ■

Bentley Continental R (1991)

Lorsque le prestigieux constructeur britannique, propriété de Rolls-Royce, présenta ce fleuron de l'industrie automobile mondiale au salon de Genève de 1991, tout le monde s'extasia devant la première Bentley vraiment nouvelle depuis... 1950.

Réalisée à partir de la plus puissante des Bentley, la Turbo R V8 de 6,7 litres lancée en 1985, la Continental R est un extraordinaire coupé, véritable salon roulant, spacieux et incroyablement silencieux. Conçu pour le seul plaisir du luxe, celui-ci est également proposé en cabriolet – appelé convertible – depuis 1995.

Doté de la calandre chère à la marque qu'encadrent de classiques doubles feux ronds, ici toutefois nettement séparés pour souligner, face aux berlines Brooklands ou Turbo S, son caractère sportif, le coupé Continental est aussi plus long que les modèles à quatre portes. Ses 5,34 m de long et ses 1,87 m de large imposent indubitablement le respect sur la route.

Habillé, à l'intérieur, de cuir clair et de ronce de noyer, il est capable d'emmener quatre personnes à 250 km/h dans une sérénité totale. Sous le lourd capot avant, c'est le fameux V8 maison suralimenté que l'on trouve développant ici 360 ch en version R et 408 ch en version « poussée » baptisée S.

Cette propulsion de 2,5 tonnes reçoit une boîte de vitesses automatique à gestion électronique réagissant en fonction du style de conduite. Réalisée en série limitée, la Bentley Continental R est aujourd'hui la plus luxueuse des sportives. Ou la plus sportive des luxueuses réalisations d'outre-Manche. ■

Bentley Azure (1994)

Le plus luxueux, le plus chic, le plus prestigieux et, fatalement, le plus cher de tous les cabriolets existants. L'Azure de Bentley, baptisée ainsi en hommage à la Côte d'Azur où Rolls-Royce et Bentley sont légion, a été présentée à la fin de 1994. Les premiers clients privilégiés de cette anglaise au superlatif disposent de la voiture de leurs rêves depuis le milieu de l'année 1995.

Déclinaison en version découverte du coupé Continental R, l'Azure est une quatre places équipée d'une capote électrique, dont le silence de fonctionnement est, évidemment, exceptionnel. Lorsque la capote est fermée, le niveau sonore est aussi bas que celui du coupé.

Conçue et construite par les techniciens de l'usine de Crewe, l'Azure a néanmoins été « griffée » par Pininfarina. Dotée du même moteur que la Continental R, le huit cylindres en V turbocompressé de 6,75 litres, l'Azure file à 240 km/h et consomme beaucoup, beaucoup d'essence. En conduite soutenue, la prestigieuse anglaise qui accuse 2,5 tonnes sur la balance, avale près de 30 litres de carburant sur un parcours de 100 km. Pour rêver en douceur à son volant, il faut signer un chèque d'un montant légèrement inférieur à deux millions de francs. ■

L'Azure, ou quand l'automobile se conjugue au superlatif.

842 YD 78

BMW 850 (1989)

Élégante et belle, spacieuse et confortable, luxueuse et sportive : c'est la BMW 850. Peu de voitures peuvent offrir toutes ces qualités à leur propriétaire. Ce coupé allemand, présenté pour la première fois en 1989, couronne la gamme du constructeur de Munich. Avec ses 4,80 m de long, il peut emmener quatre personnes, les deux passagers arrière voyageant toutefois plus confortablement si ce sont des enfants. La 850, à la fois pure et racée, avec son museau fin et ses phares escamotables, sait être une prestigieuse routière ou une attaquante efficace.

Encombrante, elle n'est pas spécialement à l'aise sur route très étroite, mais son comportement sain en fait une agréable sportive lorsqu'elle est pilotée avec talent. Cette propulsion glisse facilement de l'arrière, et demande un bon coup de volant pour remettre en ligne ses 1 800 kg.

Sous le capot, c'est le V12 de 5 litres qui a été installé. Prestige oblige. Avec ses 326 ch, le brillant moteur BMW emmène la 850 à 250 km/h, vitesse maximale volontairement limitée par le constructeur. La 850 est également commercialisée avec le « petit » V8 de 4 litres (286 ch), moins gourmand en carburant, ou avec l'exceptionnel V12 porté à 5,6 litres, qui développe dans cette configuration 380 ch.

Baptisée CSi – comme tous les anciens coupés sportifs de la marque –, la 850 de 5,6 litres gagne une pleine seconde sur le 0 à 100 km/h par rapport au modèle 4 litres : 6 secondes au lieu de 7.

Équipée d'une boîte de vitesses mécanique à six rapports ou d'une boîte automatique, la 850 dispose d'une carrosserie autoporteuse, de suspensions indépendantes sur les quatre roues et de quatre freins à disques ventilés.

A bord, l'ambiance n'est pas différente de celle des autres BMW de haut de gamme : sobriété, élégance et raffinement sont les caractéristiques principales de l'habitacle de la 850 qui propose de nombreux équipements de confort et de sécurité. ■

BMW M3 (1992)

Le constructeur de Munich a réalisé, avec sa M3 – la version la plus puissante de la Série 3 –, la voiture sportive la plus homogène existant sur le marché mondial. La M3 de 1992 (et non la version précédente) est une voiture d'une polyvalence absolue, capable du meilleur dans tous les styles de conduite.

Voiture de rêve en raison de ses différents usages – familial et sportif –, la M3 est un compromis génial, une sorte de mariage réussi entre une Porsche 911 et une BMW Série 3 classique. Les ateliers de Motorsport, qui réalisent pour BMW les versions extrêmes des modèles de la gamme, ont réussi là un véritable chef-d'œuvre automobile.

Capable de combler une mère de famille conduisant ses enfants à l'école tant sa conduite peut être souple et aisée, la M3 se transforme en redoutable sportive dès qu'un pilote s'installe dans son baquet. Saine dans ses réactions, glissant de l'arrière lorsque son « maître » est trop optimiste en sortie de virage, la M3 se remet en ligne facilement. Presque naturellement.

Sous le capot de cette allemande d'exception, proposée en coupé, berline quatre portes ou cabriolet, c'est le six cylindres en ligne multisoupapes de 3 litres qui a pris place. Avec ses 286 ch, il permet à cette propulsion de filer à 250 km/h. Mais c'est surtout son accélération – 0 à 100 km/h en six secondes – qui fait d'elle une arme redoutable.

A bord, le confort est ferme, très BMW. On retrouve également l'instrumentation chère à la marque, dans la même disposition que sur les Série 3 classiques. Les sièges Motorsport sont par contre plus enveloppants et plus fermes. La suspension est elle aussi spécifique et les pneus, des 235/40, sont montés sur des roues de 17 pouces.

Depuis le mois de juillet 1995, la BMW M3 est disponible avec une boîte de vitesses à six rapports. ■

6260 W 78

Dodge Viper (1992)

Un engin extra-plat disposé sur un plateau et recouvert d'une bâche, attendant que l'on soulève le coin du voile… C'était en 1989, au salon automobile de Detroit. Chrysler, groupe auquel appartient la marque Dodge, allait créer la surprise en dévoilant ce concept-car. Une voiture-étude qui, selon son impact auprès du public, serait ou non commercialisée.

Et ce fut un succès magistral. La Viper, dès son apparition, « mordit » nombre d'amateurs. Des centaines de lettres, adressées au président de Chrysler en personne, lui demandaient de construire et de vendre la voiture. On comprend que la Viper, aussi bien née, soit immédiatement devenue une voiture de rêve. Un rêve accessible, car son prix, environ 250 000 F aux États-Unis et le double en France, n'était pas le moindre de ses arguments.

La Viper se veut radicalement différente de toutes les autres puissantes belles du genre. L'absence de toit – seulement une mini-capote de secours en cas de pluie – et de glaces latérales font de cette américaine un engin très exclusif, à ne pas mettre entre toutes les mains. Longue, très longue avec ses 4,50 m et son faible rayon de braquage, elle n'est pas spécialement à l'aise en ville. Son terrain de jeu est ailleurs. A bord, les deux baquets de cuir maintiennent bien. Mais l'habitacle est étroit et spartiate. Cet engin est un monstre. Et, comme tout monstre, c'est la puissance de frappe, sa force, qui font son caractère, non les fioritures.

Alors, une fois la longueur du capot bien assimilée, on peut mettre en route le moteur.

L'énorme 10 cylindres en V de 8 litres caché sous le capot – la pièce de carrosserie monobloc moulée la plus imposante de toute l'industrie automobile mondiale – se met à vibrer un instant puis stabilise son ronronnement de fauve. Au volant, la « musique » évoque plutôt celle d'un puissant hors-bord.

La Viper, qui est une propulsion campée sur d'énormes pneus de 335 à l'arrière montés sur roues de 17 pouces, glisse sur le macadam. Très basse (à peine 1,10 m de haut), elle demande une certaine virilité dans sa conduite. La pédale d'embrayage est ferme, la boîte à six vitesses aussi. Il faut bru-

liser le fauve pour en tirer le meilleur parti. Et l'accélération est foudroyante. Dans un déchirement, le V10 propulse l'américaine de 400 ch à 100 km/h en moins de 5 secondes. La barre des 200 km/h est franchie avant que votre passager ait pu prononcer le moindre mot d'enthousiasme… ou de protestation. Et, dans les grands moments, on file à plus de 260 km/h cheveux au vent. Mais pour soutenir ce rythme infernal quelques dizaines de secondes, il faut impérativement porter des lunettes et ne pas avoir oublié de rabattre la mini-vitre escamotable qui sert de lunette arrière. Sinon, les turbulences dans l'habitacle sont telles qu'il est impossible de « survivre » longtemps. Bête exceptionnelle, étonnante, suscitant l'admiration mais jamais d'agressivité contrairement à d'autres « supercar », la Dodge Viper (vendue en France sous le nom de Chrysler Viper) est un dragster. Totalement inexploitable au quotidien, c'est la voiture-plaisir par excellence, à ne sortir que l'été. Dotée de quatre roues indépendantes et d'une barre anti-dévers, cette américaine hors du commun est une reine sur un bon revêtement. Sur les petites routes cahoteuses de France, elle fera sentir par de violentes réactions dans le volant qu'elle n'est pas faite pour y effectuer de longs parcours. La Viper a son terrain de chasse bien à elle. Si vous avez un jour la chance d'en observer une évoluer devant vous, observez l'extraordinaire beauté de ses ondulations. Mieux : si vous pouvez vous installer à bord, le souvenir – la morsure – vous habitera longtemps. ■

Ferrari F 50 (1995)

S'il fallait en choisir une, ce serait elle. S'il fallait élire au firmament une seule voiture du marché mondial aujourd'hui, elle ne pourrait être inquiétée que par la McLaren F1. Mais la F 50 a, en plus, le prestige de son nom : Ferrari. Véritable Formule 1 de la route, cette voiture exclusive dont seulement 349 unités seront construites est tout simplement une voiture à part. Présentée en 1995 à Genève, puis confiée à quelques essayeurs privilégiés, la F 50 succède à la fameuse F 40 qui avait été l'objet d'enchères totalement démesurées, à une époque où les collectionneurs étaient capables d'aligner six ou sept millions de francs sur une table. La F 50 est, à l'origine une *barchetta*, une voiture au toit escamotable, qui peut emmener deux personnes pour une « séquence émotion ».

Entièrement réalisée en carbone, la F 50 est conçue comme une Formule 1 : coque monolithique extrêmement rigide, ensemble moteur-boîte fixé directement dessus et supportant la suspension arrière. L'amortissement est, quant à lui, géré électroniquement.

Sous le capot, c'est tout simplement le moteur des Ferrari F1 de 1991 qui a été installé : un 12 cylindres en V, multisoupapes, dont la cylindrée a été portée à 4,7 litres.

Résultat : une fabuleuse puissance de 520 ch lorsque l'aiguille du compte-tours flirte avec les 8 500 tr/mn, le régime maxi. A cet instant, à fond de sixième, la machine rouge file à 325 km/h. Autant dire honnêtement que la vitesse maxi annoncée par Ferrari a été difficile à vérifier…

Accrochée au macadam grâce à des pneus spécifiques de 335 montés sur des roues de 18 pouces à l'arrière, la F 50 qui pèse 1 230 kg passe de 0 à 100 km/h en moins de 4 secondes. Le temps de perdre la tête lorsque l'on est installé dans le siège de droite, de chercher une poignée de maintien et de se retrouver propulsé à 250 km/h en quelques battements de cœur.

L'échappement hurle de bonheur. Derrière le dos du pilote, la chaleur monte, monte. Les quelques cadrans indispensables à la

bonne marche d'une voiture de course indiquent les températures et niveaux essentiels. La planche de bord est extrêmement sobre.

De face, la F 50 possède une gueule de squale qui veut avaler la route. Taillée comme un avion de chasse, avec une ligne en fuseau basse à l'avant et haute à l'arrière, elle dispose au milieu du capot avant d'un renflement central en pointe encadré de grosses prises d'air. A l'arrière, l'énorme aileron est là pour plaquer au sol la bête féroce. Un engin redoutable, impressionnant, qui ne met pas vraiment son pilote en confiance tout de suite. Pourtant la F 50 est une voiture facile à conduire sur un circuit, et d'une efficacité redoutable. Sur route, cette « F1 » à deux places doit savoir s'adapter aux contraintes de la circulation. Son terrain de jeu est manifestement ailleurs, sur les pistes dégagées et exclusives. Une star n'aime en général guère les bains de foule. ■

Ferrari 456 GT (1992)

Quatre personnes lancées à 300 km/h écoutent sur leurs sièges de cuir, un concert que diffuse une sono hors pair. Le rêve inaccessible ? Non. Pas pour l'heureux propriétaire d'une Ferrari 456 GT dont le premier exemplaire a été révélé au public lors du salon de Paris 1992.

Cette Grand Tourisme d'exception, faite pour deux personnes mais pouvant en transporter quatre dans un confort parfaitement acceptable, est un compromis réussi. Lorsque Ferrari la lance, en 1993, les commandes affluent à Maranello. Les clients fidèles de la marque sont heureux de pouvoir continuer à rouler en Ferrari avec les enfants à bord. Spacieuse également au niveau du coffre à bagages (du moins pour une Ferrari !), la 456 GT doit ses performances remarquables au fameux V12 maison de 5,5 litres développant 442 ch à 6 250 tr/mn. La belle passe ainsi de 0 à 100 km/h en 5 secondes et dépasse en pointe les 300 km/h.

A bord, l'ambiance est sportive et luxueuse, mais teintée de sobriété. Équipée d'une boîte de vitesses à six rapports, d'un différentiel, cette propulsion de 4,73 m est vraiment une Ferrari à part. Ce n'est pas pour rien qu'elle n'est jamais exposée en rouge. Une 456 GT se promène vêtue d'une robe bleu marine, noire ou gris argent. Le rouge et le jaune sont l'apanage des 512 ou des 355. A chacun son rêve. ■

Hobbycar amphibie (1993)

Elle est unique et multiple à la fois. Elle se transforme comme un jouet d'enfants, mais ce sont les adultes qui en profitent. Elle, c'est cette française étonnante, baptisée Hobbycar. Une voiture amphibie, fabriquée en petite série près de Blois, dans le val de Loire.

Car le rêve, n'est-ce pas aussi de pouvoir quitter la terre ferme pour l'eau bleue d'un lac, sans changer de véhicule ? Imaginez-vous au volant de ce petit engin à quatre roues motrices, propulsé sur terre par un moteur diesel Peugeot de 1,9 litre, capable de vous emmener avec votre famille à 150 km/h sur route, et à 5 nœuds de croisière sur l'eau.

Cette voiture singulière, ludique comme son nom l'indique, est équipée de deux hydrojets accouplés à un embrayage électromagnétique qui prennent le relais du moteur thermique lorsque elle se transforme en… bateau !

A l'intérieur, la planche de bord s'escamote avec la colonne de direction, lorsque le siège conducteur est rabattu ; les instruments nautiques apparaissent alors. La Hobbycar est devenue Hobbyboat !

Étonnante par son double usage terre-eau, cette voiture l'est aussi par les multiples transformations qu'elle propose à son propriétaire : entièrement découverte, bâchée totalement, bâchée à moitié, avec un, deux, trois ou quatre sièges, les passagers arrière face à la route ou dos à la route, tous les sièges fermés pour une bonne étanchéité lorsque l'on pêche, etc. C'est une voiture Lego – un jouet à plus de 350 000 F tout de même –, que l'on rêve d'avoir dans son garage pour le week-end. ■

HOBBYCAR

Honda NSX (1990)

Si les constructeurs japonais sont présents sur tous les créneaux du marché automobile mondial, ils n'ont pas encore lancé de voiture pouvant faire rêver. Sauf une : la Honda NSX.

Honda est le constructeur nippon dont l'image haut de gamme est la plus forte dans le monde. Son brillant passé en Formule 1 n'y est certes pas étranger. La NSX, cette « Ferrari aux yeux bridés », reste pourtant assez peu connue car diffusée en petite quantité et depuis 1991 seulement. Stricte deux places, disponible en version « targa » avec un toit escamotable, elle est à la fois imposante et pure de style. Son comportement routier est du même ordre : pur lui aussi. Très facile à piloter, contrairement à une Ferrari par exemple, la NSX est une propulsion dotée d'un moteur central six cylindres en V multisoupapes. Extrêmement silencieux, celui-ci est un trois litres développant 274 ch et autorisant une vitesse maximale de 260 km/h.

A l'intérieur, l'ambiance est sobre mais non dépouillée, contrairement aux belles italiennes de Maranello. Parfaitement finie et insonorisée, très polyvalente, la Honda NSX offre un comportement sportif mais permet aussi de longs voyages en douceur. Le pilote peut donc choisir entre efficacité et confort. Lorsqu'elle est sollicitée, cette japonaise-là dépense sans compter. Elle passe ainsi de 0 à 100 km/h en moins de 6 secondes, tandis que sa structure porteuse et sa carrosserie en aluminium lui assurent une excellente rigidité.

Ses atouts sont nombreux. Suspension indépendante, freins à disques ventilés sur les quatre roues, pneus de 225 à l'arrière sur jantes de 16 pouces, antipatinage et différentiel autobloquant sont associés à une boîte de vitesses mécanique à cinq rapports ou automatique à quatre rapports.

Brillante et sûre, la NSX est une excellente voiture plaisir méconnue. Son identité – Honda – est pourtant un gage de sérieux

et de fiabilité. Mais il lui manque le prestige, le passé glorieux, la magie – inimitable – d'une Ferrari ou d'une Lamborghini.

Tous ceux qui l'ont conduite ne l'ont pourtant pas oubliée. La NSX est une vraie voiture de rêve, utilisable au quotidien.

Jaguar XJ 220 (1988)

Au même titre que la Ferrari F 50 ou la McLaren F1, la Jaguar XJ 220 est une vraie supercar. Au-delà du rêve qu'elle peut représenter, elle demeure un engin pratiquement inaccessible à plus de trois millions de francs et construit en quelques centaines d'exemplaires seulement.

Dévoilée en 1988 sous forme de concept-car au salon de Birmingham, la XJ 220 se voulait avant tout un test auprès du public. Jaguar avait-il encore la possibilité, en cette fin de siècle, de concevoir et de vendre une sportive directement dérivée de la compétition ? La réponse fut d'abord affirmative, avant que la dégradation de la conjoncture économique au début des années quatre-vingt-dix ne modifiât considérablement le marché. Mais le programme avait été lancé après le plébiscite du salon britannique. Devant l'enthousiasme du public et de la presse, Jaguar avait donné au département sportif (Jaguar Sport) l'autorisation de construire la voiture.

Lorsque celle-ci sort, le V12 légendaire de la firme a laissé place à un V6 de 3,5 litres double turbo ; mais la XJ 220, légèrement moins longue que le concept-car – elle mesure 4,93 m –, arrache les commandes des amateurs fortunés. Près de mille cinq cents parviennent à Coventry en quelques semaines, alors même que Jaguar a annoncé la fabrication de 350 exemplaires seulement.

La XJ 220 reçoit un châssis en aluminium et la structure est renforcée d'une « cage » en acier permettant de rigidifier l'ensemble. Relativement lourde pour une supercar – 1 450 kg malgré sa carrosserie en tôle d'aluminium –, la XJ 220 est avant tout une « bête » de course. Dans le cahier des charges initial, la vitesse maxi était d'ailleurs un élément d'importance. Le résultat est là : 350 km/h et 4 secondes pour accélérer de 0 à 100 km/h. Et une puissance de 549 ch à 7 000 tr/mn époustouflante.

Ultra-plate, la XJ 220, dont le moteur est un joyau, expose son six cylindres sous un capot… transparent. Le dessus de la partie arrière de la voiture permet en effet d'admirer la mécanique. Et lorsque celle-ci se met en route, les oreilles des mélomanes s'éveillent. Le bruit rauque et sourd, le sifflement des turbos confirment dès le premier instant que cette imposante voiture est taillée pour le circuit. Assez peu à l'aise sur route étroite et sinueuse, la XJ 220 se régale évidemment des longues portions d'autoroute. Magnifiquement campée sur ses pneus de 245 à l'avant et 345 à l'arrière ici sur roues de 18 pouces, elle avale les grandes courbes sans broncher. Rivée au sol, sautant seulement sur les imperfections de la route, cette anglaise rare et chère offre un habitacle bien conçu, luxueux, et finalement assez spacieux pour une supercar directement dérivée de la compétition. Si elle ne reçoit ni ABS ni même direction assistée, la XJ 220 bénéficie d'une transmission sophistiquée avec différentiel autobloquant à viscocoupleur et d'une boîte de vitesses à cinq rapports qui demande une certaine brutalité pour être efficace.

Voiture exceptionnelle, cette propulsion à ne pas mettre entre toutes les mains laissera un souvenir inoubliable à celui qui la croisera un beau jour. Alors imaginez la trace qu'elle laisse dans les rêves de celui qui l'a conduite… ■

Lamborghini Diablo (1990)

Dérivée de la fabuleuse Countach qui, durant près de vingt ans, a affolé les automobilistes qui la croisaient, la Diablo SE est tout aussi exceptionnelle en dépit de son allure un peu plus sage. Esthétiquement, elle a perdu quelques arêtes vives pour gagner en galbes et en douceur.

Réalisée artisanalement, au compte-gouttes, dans les ateliers de Bologne, cette belle italienne capable de flirter avec les 330 km/h est agressive à souhait, voyante, et fuselée comme un avion. L'avant est au ras du sol et l'arrière, tronqué, s'achève par un gros aileron qui lui donne une vraie stabilité à très haute vitesse.

Comme la Countach à son époque, la Diablo dérange. Elle agresse l'œil. Elle est faite pour ça. L'habitacle est placé très en avant, comme dans un Mirage. Et lorsque le gros V12 de 5,7 litres en position centrale se met à ronronner, le concert commence. Les quatre sorties d'échappement envoient la musique magistralement. A bord, le silence n'est pas de rigueur. Une « Lambo » donne d'abord du plaisir aux oreilles de son propriétaire. Et si sa passagère a le dos fragile, elle ne pourra rien pour elle. Rigide, avec un cadre tubulaire en acier, renforcé en fibre de carbone, la Diablo avale l'autoroute comme un requin ses proies. Dotée d'une suspension indépendante aux quatre roues, de barre anti-dévers à l'avant et à l'arrière, cette italienne hors normes freine comme elle accélère : brutalement. Il lui faut quatre secondes pour passer de 0 à 100 km/h et ses quatre freins à disques ventilés vous propulsent en avant lorsqu'ils sont sollicités efficacement. Construite pour le plaisir et lui seul, exclusive jusqu'au bout de ses pneus de 335 sur roues de 18 pouces, la Diablo dessinée par Gandini a également été proposée en 1991 avec une traction intégrale. Encore plus efficace, notamment sur le mouillé, la Diablo VT (intégrale) était aussi plus lourde – 1 625 kg contre 1 450 kg – et donc moins rapide que la SE. ■

300
Sport

Lotus Esprit (1994)

Sept fois champion du monde de Formule 1, Lotus, qui appartient aujourd'hui au groupe italien Bugatti, commercialise toujours son Esprit, dont la première mouture a été lancée au début des années quatre-vingt.

Aujourd'hui proposée en deux versions, S4 et Sport 300, l'Esprit est une véritable voiture de sport à hautes performances. Agressive avec sa ligne « en coin », comme taillée à la serpe, et ses phares escamotables à l'avant, elle donne un vrai plaisir de pilotage à qui sait la maîtriser. Car une Lotus doit être domptée. Nerveuse, parfois rebelle, l'Esprit a du tempérament. Sous le capot, en position centrale, c'est un quatre cylindres multisoupapes de 2,2 litres turbocompressé qui a été installé. Il développe 268 ch dans sa configuration S4, 300 ch dans la version S4 S et 306 ch dans l'Esprit allégée issue de la course, la Sport 300.

Cette stricte deux places de 1 400 kg habillée d'une carrosserie en matériaux composites sur châssis-poutre en tôle d'acier, file à près de 260 km/h et passe de 0 à 100 km/h en 5 secondes.

De construction ancienne, l'Esprit reste une vraie voiture de rêve. D'autant que son prix, environ 500 000 F selon les versions, est très compétitif par rapport à d'autres belles du genre. ■

Mercedes SL (1989)

Le haut de gamme Mercedes est également proposé en Coupé, non moins imposant – 5,07 m –, mais aussi et surtout en roadster.

Lancée deux ans avant le renouveau de la berline Classe S, cette deux portes 2 + 2 est aussitôt reconnue comme l'une des plus élégantes voitures de cette fin de siècle. Elle est fine, harmonieuse et plate. Au bout de son long capot, l'étoile maison a disparu pour s'installer au beau milieu de la grille de calandre. Résolument sportive, la Mercedes SL réunit magnifiquement prestige, luxe et performances.

Proposée en six, huit et douze cylindres, elle connaît un succès immédiat en Europe, aux États-Unis et au Japon malgré son prix élevé. Comme la grande berline S, elle est disponible avec une boîte mécanique à cinq rapports ou une boîte automatique à quatre ou cinq rapports. L'ouverture de capote est évidemment électrique et toute la cinématique en est admirable. Un bouton suffit pour déverrouiller la toile sur l'avant du pare-brise, relever l'arrière de la capote, ouvrir l'espace réservé à son rangement, rabattre la capote et reverrouiller le tout. Une telle manœuvre est un vrai spectacle dans la rue. Mais le roadster est une voiture dérangeante, faite pour afficher ostensiblement la fortune de son propriétaire. Lorsque l'on roule à son volant, le regard des passants est parfois admiratif, plus souvent agressif. C'est pourtant l'une des voitures qui offre le meilleur compromis entre tous les plaisirs recherchés dans un véhicule. La voiture de rêve par excellence. ■

Porsche 911 Carrera (1993)

Voici la voiture la plus mythique du monde. Parler de rêve à son sujet serait bien faible. Car la Porsche 911 suscite une admiration unanime. Une 911 impose le respect, depuis toujours. Jamais cette œuvre d'art, créée par le professeur Ferdinand Porsche au début des années soixante et remodelée au fil du temps par les « artistes » de Stuttgart, n'a vu son aura baisser. C'est une voiture magique, qui a traversé les décennies en adoucissant sa ligne et en peaufinant son agressivité sans jamais perdre de son caractère.

La dernière mouture est née à la fin de 1993. Si la ligne générale est restée celle d'hier, quelques nuances en ont cependant fait une nouvelle voiture. Les phares se sont couchés à l'avant pour aplatir un peu les ailes, les pare-chocs se sont intégrés à la caisse. L'intérieur, lui, est resté identique. Sobre, sportif et efficace. Comme la « bête » elle-même.

Une 911 d'aujourd'hui est, contrairement aux générations précédentes, une voiture facile à conduire. Son tempérament est heureusement toujours là, mais la voiture a été légèrement aseptisée pour pouvoir être mise entre – presque – toutes les mains. Désormais, la souplesse du moteur Boxer six cylindres à plat, le comportement de la voiture, permettent à une femme d'emmener les enfants à l'école. C'est une image. Mais cela montre bien l'extrême polyvalence de cette propulsion 2 + 2, qui peut être un monstre lorsque l'on attaque sur route sinueuse et se métamorphoser en un félin domestique lorsqu'on lui demande de la douceur.

S'installer dans le baquet d'une 911 représente un moment magique. Claquez la porte et le bruit sec, violent, vous restera dans l'oreille à tout jamais. Moteur. La mélodie commence. Ne cherchez pas le confort ou le silence bien sûr. Ici, le rêve est offert par les sensations. Accélérez, la 911 se cabre et saute de virages en virages avec une agilité étonnante. La direction est lourde mais très précise, les pneus larges accrochent merveilleusement le macadam sec. Sur route mouillée, ou jonchée de feuilles mortes par exemple, c'est une toute autre chanson. Mais une 911 se mérite. Il faut savoir que si son comportement a été considérablement amélioré, elle reste propulsée par 272 ch au galop dans la version 3,6 litres.

La 3,8 litres développe 300 ch et la turbo 408 ch ! Imaginez le rythme qu'offre cette quatre roues motrices. C'est encore plus époustouflant que celui d'une Carrera, propulsée par les seules roues arrière.

Capable de filer à 270 km/h et, en version Turbo, à 300 km/h, la Porsche 911 a besoin de moins de 6 secondes pour passer de 0 à 100 km/h.

Équipée d'une boîte de vitesses mécanique à six rapports ou d'un système automatique Tiptronic, la 911 fut l'une des toutes premières voitures à proposer un sélecteur de vitesses au volant. Comme sur les Formule 1. Sans embrayer, il suffit d'appuyer sur un bouton pour « monter » les vitesses et sur un autre pour les « descendre ». Les puristes n'aiment pas, même si la technologie s'avère efficace et remarquable.

Dans toutes ses configurations, la 911 est une voiture exceptionnelle. Polyvalente, elle peut parfaitement être utilisée au quotidien et devenir un outil de travail de luxe. C'est là l'un de ses grands atouts par rapport à une Ferrari par exemple, plus exclusive, plus délicate.

Robuste, fiable et toujours prête à vous emmener au septième ciel, la Porsche 911 reste après trente ans d'existence l'une des sportives les plus convoitées. ■

Renault Spider (1995)

Le rêve peut avoir un prix. Pour preuve, cette voiture ludique signée Renault et dévoilée au salon de Genève de 1995. Annoncé à 200 000 F, le Spider Renault a créé une belle surprise dans le microcosme automobile. Par sa réalisation d'abord, véritablement superbe et très excitante. Mais aussi par son origine, Renault, un géant industriel habitué davantage à la fabrication de voitures de grande série qu'à la réalisation d'engins marginaux.

Cette deux places, qui offre des sensations proches d'une moto, a été réalisée en l'occurrence par la division sportive du constructeur, Renault Sport, à laquelle on doit les monoplaces de Formule 1.

Évoquant les Alpine des années soixante, le Spider Renault est en aluminium et en polyester ; le moteur, placé transversalement en avant de l'essieu arrière, repose sur une suspension pendulaire. Il s'agit du bloc 2 litres de la Clio Williams qui développe 150 ch et offre un rapport poids/puissance étonnant de 5,2 kg/ch. Conçu pour le plaisir à l'état pur, le Spider a également été pensé pour la compétition. Renault veut s'en servir pour promouvoir son image sur les circuits. Équipé d'une boîte de vitesses à cinq rapports et d'une suspension spéciale – ressorts très inclinés accrochés au sommet du tablier à l'arrière et disposés horizontalement à l'avant –, ce « scarabée » Renault offre un comportement routier exceptionnel. Plus à l'aise sur un circuit que sur une route, il peut néanmoins parfaitement s'insérer dans la circulation. Très exclusif avec son arceau imposant, son absence de toit et de capote, il n'a besoin que de soleil pour être agréable.

A bord, l'instrumentation sobre en aluminium ou peinte dans la couleur de la caisse rappelle celle d'une moto : deux gros compteurs collés l'un à l'autre, un petit volant que l'on a bien en mains et une position de conduite digne d'une barquette. Le Spider est un jouet merveilleux dans lequel on s'installe après avoir ouvert les portes en élytre. Spectacle garanti.

Docile mais très vif, il donne d'excellentes sensations de pilotage, un peu à la manière d'un kart. Sa particularité de ne pas posséder de pare-brise mais un simple « piège à vent » – une fente, à la base du pare-brise, absorbe l'air et le rejette verticalement en rideau devant le visage des deux occupants –, oblige au port de lunettes. Une version plus « civilisée » sera proposée avec un mini-pare-brise et quelques équipements supplémentaires.

Ceinturé de gris à l'extérieur, campé sur ses grosses et très belles roues, le Spider au losange est une vraie voiture de rêve faite pour sillonner la Côte d'Azur au mois d'août. Séduction assurée, pour un prix raisonnable ! ■

Rolls-Royce Silver Spirit III et Corniche (1992)

Prononcez le mot Rolls-Royce et c'est un autre monde qui vous ouvre ses portes. Aucune autre marque automobile n'évoque un tel prestige, un tel luxe. Un tel silence aussi, que celui distillé par une Silver Spirit ou une Corniche.

Mais pour se prendre à rêver à bord d'une Rolls-Royce, la meilleure place est à l'arrière. Le volant, lui, entre les mains d'un chauffeur pour lequel la belle anglaise n'a aucun secret. Car conduire une Rolls-Royce, cela s'apprend. L'entretenir, faire briller ses chromes, aussi. Il existe à Crewe, au siège de la célèbre firme britannique, une école pour les chauffeurs. On leur enseigne là-bas l'art de conduire son patron dans le plus grand confort, ou celui d'astiquer une carrosserie et de graisser le cuir des sièges.

Une Rolls-Royce s'apprécie dès l'instant où l'on a posé la main sur la poignée. La portière se claque, mais en douceur. Le poids suffit pour refermer la porte du coffre-fort. A bord, rien ne semble pouvoir vous arriver.

Le moteur V8 de 6,75 litres ronronne ? On ne l'entend pas. La voiture bouge ? On ne le sent pas. D'ailleurs, une Rolls ne roule pas, elle glisse. Les énormes pneus de 235 sur roues de 15 pouces aident la suspension électronique à filtrer les inégalités de la chaussée. Accélérez. Le gros V8 dont la puissance est inconnue – c'est une tradition chez Rolls-Royce – arrache la lourde limousine de 2,5 tonnes. Si l'on y tient, il peut même emmener la luxueuse anglaise à près de 220 km/h. Mais, à une telle vitesse, la voiture n'est pas très à l'aise. Elle se couche dans les courbes et pique du nez au freinage. Son rythme de croisière est plutôt autour de 180 km/h. A cette vitesse, une Silver Spirit III n'a plus qu'un défaut : sa consommation de carburant qui frise les 30 litres aux 100 km. Les freins sont à disques sur les quatre roues, et la boîte de vitesses automatique bien sûr, à quatre rapports.

Si c'est dans une Corniche que vous rêvez, capote blanche baissée électriquement, savourez le soleil de la Côte d'Azur. Admirez le rocher de Monaco où la concentration de Rolls-Royce au mètre carré est la plus importante au monde. Ou bien profitez de la climatisation hors pair en humant l'odeur du cuir Connoly. Le plus beau, le plus chic. Le bois est, en général, de la ronce de noyer, sauf commande spéciale. Les petites tablettes dans le dossier des sièges avant permettent de boire une verre dans l'atmosphère la plus luxueuse qui soit.

Certains propriétaires regardent même la télé à bord de leur Rolls. Mais bien peu les conduisent eux-mêmes. Un véritable amoureux de la marque n'est jamais au volant. D'ailleurs, pour être très honnête, conduire une Rolls-Royce n'a rien d'excitant. Par contre, savourer les places arrière en compagnie d'une dame en chapeau… Le vrai rêve. ■

La puissance du moteur ?
« Elle est suffisante », répond-on
traditionnellement chez Rolls-Royce.

2000 TU

TVR Chimaera (1992)

Elle s'appelle Chimaera – la Chimère –, du nom de ce monstre fabuleux de la mythologie qui crachait des flammes. Mais elle existe bel et bien, quoique non moins fabuleuse, cette petite anglaise à l'exécution parfaite.

Typée sport, avec son pédalier ajustable, elle offre un vrai plaisir de conduite. Très rigide, dotée de suspensions indépendantes, la Chimaera bénéficie d'une finition intérieure en cuir et en aluminium du meilleur goût.

La mécanique de cette élégante d'outre-Manche n'est pas en reste ; TVR a choisi un V8 de 4 litres développant 240 ch pour la Chimaera 400. Les performances sont à la hauteur des espérances : 240 km/h. Dans une ambiance cuir et ronce de noyer. Superbe. ■

C'est une certaine philosophie de l'automobile que réinvente ce petit bolide à la finition irréprochable et au comportement exemplaire.

Venturi 400 (1994)

Aussi française que Ferrari est italienne, Venturi réalise au compte-gouttes de belles GT qui reçoivent le moteur Peugeot 6 cylindres. La 400 GT, le modèle le plus exclusif avec ses 400 ch, nécessite de vraies notions de pilotage. Extrêmement rigide et nerveuse, cette Venturi est plus à l'aise sur un circuit que sur route ouverte. Dotée d'imposants éléments aérodynamiques – aileron, becquet – pour augmenter sa stabilité à grande vitesse, la 400 GT dépasse les 250 km/h et passe de 0 à 100 km/h en 5,3 secondes.

Le secret de ces performances diaboliques ? Un double turbo associé au moteur français. Pour freiner le « monstre » qui a bien du mal à passer inaperçu, les freins sont en carbone. Comme sur les voitures de course. Une alternative à Ferrari pour un peu moins de 900 000 francs. ■

Nerveuse et rebelle, la GT française exige certaines notions de pilotage…

Alfa Romeo Proteo

Lorsque Alfa Romeo présente ce prototype, au salon de Genève 1991, c'est avant tout pour montrer au public et aux journalistes que les choses bougent à Milan. A cette époque, Alfa n'a qu'une seule voiture vraiment nouvelle à vendre : la 164. Le reste de la gamme est vieillissant. Il faut donc un « feu d'artifice » sur ce salon européen porteur d'image. Telle est la mission du concept Proteo, chargé en même temps d'indiquer l'avenir. Car il se passe bien quelque chose à Milan, du côté du *Centro Stile*, le Centre de style Alfa Romeo : là-bas se prépare le renouveau d'Alfa Romeo. Un coupé et un cabriolet – la raison d'être de la marque italienne – sont en cours d'élaboration. Ils seront lancés au salon de Paris en 1994, en première mondiale, et s'appellent GTV et Spider.

Le prototype Proteo, fabriqué en trois exemplaires, est pourtant loin des futures voitures commercialisées. Mais il annonce discrètement leur esthétique générale, avec son « capot fuseau » si caractéristique doté de ses feux ronds comme des billes. Les GTV et Spider de 1994 en bénéficieront eux aussi, mais avec seulement deux feux de chaque côté, au lieu de trois.

Proteo est un concept-car développé en dix-huit mois grâce à l'ordinateur (CAO). Réalisé à partir d'une structure porteuse d'Alfa 164, il mesure 4,15 m et offre un habitacle ouvert ou fermé. Le pavillon en dur à vitrage intégral est actionné par un système automatique lors de sa pose ou de sa dépose. Il se loge dans un compartiment spécifique derrière les sièges.

Esthétiquement, Proteo dispose d'une ligne de caisse haute, marquant une nette séparation entre le corps de la voiture allégé par une profonde rainure horizontale de chaque côté, et l'habitacle transparent, formé du pare-brise très incliné, du pavillon, de la lunette arrière et des glaces latérales.

La partie arrière est relevée, trapue, et traversée sur toute sa largeur par une bande monochrome dans laquelle sont installés les groupes optiques.

Pour garantir en été une fraîcheur minimum dans l'habitacle,

systè
par
degr
meil
tème
avan
L'A
cont

Bentley Java

Lorsque Bentley crée un concept-car, c'est un événement. Dévoilée au salon de Genève en 1994, la Java se présente comme un travail de recherche préfigurant les modèles à venir de la célèbre firme britannique de voitures de luxe. Tout le monde l'espère. Tous les amateurs passionnés et fortunés souhaitent pouvoir, un jour prochain, acheter une Java.

A la fois élégante et racée, compacte, la Java est un cabriolet avec toit en dur escamotable électriquement. Sa calandre est fine, son capot plongeant et ses phares, en amandes, surprenant sur une Bentley. C'est bien avec ce « regard » que Bentley a voulu surprendre les observateurs du monde automobile et ses clients.

Longue de 4,74 m, la Java, qui peut emmener quatre personnes confortablement installées dans de magnifiques fauteuils de cuir beige, reçoit le moteur V8 multisoupapes de 3,5 litres turbo. Dotée de tous les perfectionnements techniques équipant les modèles de la firme, la Java annonce le cabriolet britannique de demain. Vu par Bentley. ■

L'automobile de l'an 2000 selon Bentley, entre audace et tradition.

Bertone Karisma

Apparue en 1994 lors du salon de Genève, cette magnifique étude de berline GT dotée de portes en « ailes de mouette » cache une base mécanique mondialement reconnue et admirée : celle de la Porsche 911. La Karisma est, en fait, une Porsche à quatre places, dessinée par le designer italien Bertone. C'est un peu la voiture que Porsche n'a jamais osé construire. Spécialiste du concept, Bertone avait déjà présenté des prototypes à quatre places, comme la Marzal en 1967, ou l'Espada réalisé pour Lamborghini.

La Karisma, qui peut dépasser les 250 km/h, est avant tout une berline performante, spacieuse malgré un encombrement réduit, et très luxueuse. Élégant et sobre, le dessin n'en fait pas une voiture ostentatoire. Le moteur placé en porte-à-faux arrière permet une bonne exploitation de l'habitacle, habillé de cuir et de placages de bruyère. Les tons sont chauds, l'ambiance très cosy, et les passagers peuvent accéder à leur fauteuil ou le quitter très facilement, grâce aux deux gigantesques portes latérales se dégageant vers le haut. Très abouti, ce concept-car au style superbe serait tout à fait commercialisable ainsi. Bel hommage à Porsche, belle interprétation aussi de ce que pourrait être une Porsche familiale, la Karisma n'est hélas qu'une voiture de rêve. ■

Bugatti EB 112

Elle porte un nom magique, celui de Bugatti, mais elle a été dessinée par un autre génie du design : Giorgetto Giugiaro, le fondateur d'Ital Design, à Turin.

La EB 112 est un concept-car. Présentée en 1993 au salon de Genève, cette luxueuse limousine aurait dû être produite. Mais Bugatti a manqué d'argent et le projet est resté inachevé. Dommage. Cette étonnante voiture, modèle unique dans sa livrée lie-de-vin, est avant tout un remarquable travail de style. Une œuvre d'art à la personnalité exceptionnelle. Comment pourrait-il en être autrement ? La Bugatti EB 112 a été dessinée à partir des sièges arrière ! Existe-t-il une seule autre voiture au monde, aujourd'hui, qui ait fait l'objet de la même méthode de conception ? Giugiaro s'est fixé cette seule exigence de base pour tracer les contours de ce nouvel enfant : une distance impérative de 1,80 m entre le siège arrière et les pédales pour offrir à la 112 tout le prestige recherché. A partir de là, le designer a dessiné cette quatre portes longue et large, à la calandre étroite, en fer à cheval bien sûr, aux ailes puissantes et galbées à l'arrière. Et, sur toute la longueur de la EB 112, court une arête centrale qui vient mourir en bout du couvercle de malle, partageant en deux parties la lunette arrière. Comme sur une Atlantic des années trente. A l'intérieur, les quatre occupants respirent l'odeur du cuir et de la ronce de noyer. Le traitement est évidemment luxueux, mais moderne. Giugiaro a certainement voulu donner la réplique à Rolls-Royce en créant la 112. La planche de bord est large et profonde ; deux visières habillées de cuir font face au conducteur et au passager avant. L'ambiance est raffinée, feutrée. Et le ronronnement merveilleux du moteur V12 de six litres de cylindrée, placé à l'avant, est un plaisir pour l'oreille. Cet énorme bloc en aluminium, directement issu du moteur de la EB 110 – mais la cylindrée est passée de 3,5 litres à 6 litres pour éviter les

quatre turbocompresseurs –, délivre une puissance de 460 ch à 6 300 tr/mn. La EB 112, qui pèse 1 800 kg, file ainsi à près de 300 km/h en pointe et passe de 0 à 100 km/h en 4 secondes. Impressionnant. Pour atteindre un tel niveau de performances, Giugiaro a doté sa limousine de quatre roues motrices, d'un différentiel autobloquant, d'une boîte de vitesses à six rapports et d'un réglage électronique de la hauteur de châssis.

Ultramoderne et délibérément classique à la fois, la merveilleuse EB 112 de Giugiaro sait vous emmener dans un confort inouï pour une ballade inoubliable. A bord de ce vaisseau unique, portant le nom magique de Bugatti, le rêve automobile prend encore une autre dimension. ■

Chrysler
Jeep Wagoneer 2000

Vingt-cinq au total. C'est le nombre de concept-cars réalisés par Chrysler, dans son usine de Detroit aux États-Unis, depuis 1987. Chrysler, le plus prolifique des constructeurs en matière de véhicules de recherche, annonce traditionnellement la ligne générale de ses futurs modèles par un concept quelques années auparavant. La Jeep Wagoneer 2000 est, elle, pourtant restée au stade de prototype. Totalement extravagant, digne d'un film de James Bond, cet énorme 4 x 4 présenté en 1991 peut emmener six personnes dans un confort extrême. A bord, télévision, vidéo, compact disc assurent l'ambiance. Généreusement capitonnée pour être la plus silencieuse possible, la Jeep Wagoneer est également équipée d'un système automatique constitué de panneaux solaires qui permet de tempérer l'habitacle lorsqu'il fait très chaud. Campée sur des roues de 20 pouces chaussées de pneus de 275 à l'avant et de 335 à l'arrière, la Jeep Wagoneer est capable, grâce à son gros moteur V8 en aluminium, de filer à plus de 200 km/h. Le rêve, pour partir à l'assaut des grandes étendues désertiques de l'Arizona. ■

Chrysler Voyager III

C'est Paris que Chrysler avait choisi pour dévoiler, en 1990, cet étrange concept de monospace modulable. Leader mondial dans le domaine du « minivan » avec son Voyager, Chrysler a réfléchi à la possibilité d'offrir deux voitures en une. Le Voyager III est le fruit de ces recherches en matière de modularité. Réalisé en deux parties, le Voyager III permet d'effectuer de très longs trajets dans un confort maximal. Doté de tous les équipements dignes d'un véritable salon, il peut se « couper en deux » lorsque la destination finale est atteinte. La partie avant se désolidarise alors de la partie arrière, qui reste posée sur ses roues. Des roues escamotables sortent du plancher de la partie avant, pour permettre à celle-ci d'évoluer seule. Lorsque les deux cellules du Voyager III sont réunies, l'ensemble dispose de six roues. Cet engin démesuré, aux gigantesques surfaces vitrées, pourrait parfaitement symboliser l'idéal automobile selon la famille nombreuse, adepte des longues distances et du confort domestique. Mais cela n'est possible… qu'en rêve ! ■

Deux voitures en une : c'est l'exercice de science-fiction auquel se sont livrés les ingénieurs de chez Chrysler.

VOYAGER III

Chrysler Cirrus

Étonnante voiture que cette américaine signée Chrysler, et qui semble tout droit sortie d'un film de science-fiction. La Cirrus est pourtant l'exemple même du concept-car annonçant un futur proche. Lorsqu'elle est présentée, en 1992 à Detroit, les managers de Chrysler expliquent aux spécialistes mondiaux de l'automobile que cette voiture ultra-plate préfigure les modèles de demain. Avec son large pare-brise et son capot moteur étonnamment court, elle présente une notable innovation : le *cab-forward*. Autrement dit la cabine avancée pour les passagers. Regardez la ligne générale de la Cirrus et remarquez la position de l'habitacle très en avant. Chrysler a retenu ce choix pour l'avenir. Quelques mois plus tard, le premier modèle commercialisé ainsi conçu est la Vision. Suivront la petite Néon et, enfin, la Stratus.

La Cirrus est équipée de quatre portes s'ouvrant en opposition à partir du milieu de la voiture. L'absence de montant central facilite l'accès et la sortie des quatre passagers, confortablement installés dans un habitacle-cocon. Les roues de la voiture sont repoussées aux extrémités, réduisant les porte-à-faux et augmentant ainsi l'habitabilité.

La Chrysler Cirrus, avant tout dessinée pour le bien-être à bord, reçoit néanmoins un moteur puissant ; il s'agit d'un six cylindres de trois litres turbocompressé, délivrant quelque 400 ch à 6 000 tr/mn. Campée sur des roues de 18 pouces, la Cirrus est certainement l'un des concept-cars les plus aboutis, les plus proches d'un modèle de série. ■

Citroën Activa

Activa 1 en 1988, Activa 2 en 1990. Voici les deux sœurs Citroën, déclinées selon le même concept en quatre, puis en deux portes. L'Activa 1, la plus importante sur le plan de la technologie, est définie par Citroën comme étant un prototype de laboratoire. Cela signifie que, contrairement à certains concept-cars qui n'ont, pour eux, que l'esthétique, l'Activa possède d'autres arguments que sa ligne fluide et son habitacle baigné de lumière.

Activa annonçait en fait, en 1988, les intentions futures de Citroën en matière de suspension. Spécialiste dans ce domaine, avec sa suspension hydraulique chère aux inconditionnels de la marque, Citroën a doté son concept Activa d'un système intelligent. Équipée de trois centres de calcul couplés avec la centrale hydraulique pilotant la suspension, la direction et le freinage, l'Activa réagit au rythme de l'électronique embarquée. En fonction de la vitesse, du braquage du volant, du revêtement de la chaussée, elle autocorrige en permanence tous les mouvements subis. La suspension se durcit lorsque la vitesse croît, ou au contraire s'assouplit à allure réduite. Mais le conducteur peut, s'il le désire, choisir la fermeté de la suspension et la verrouiller sur cette position. Au-delà de ce confort apporté aux occupants de l'Activa en ligne droite ou dans les larges courbes, le concept Citroën expérimente un autre système permettant de contrôler le roulis. La voiture peut ainsi virer « à plat » même à grande vitesse. C'est très efficace et très impressionnant. Les deux technologies sont aujourd'hui proposées en option sur les modèles de série de la marque au double chevron.

Mais l'Activa reçoit d'autres équipements, annonçant les axes de recherche. Les quatre roues sont directrices

et indépendantes. Aucune liaison mécanique n'existe entre le volant et les roues, mais seulement des tubes renfermant le liquide hydraulique et des fils électriques. Un calculateur électronique détermine l'angle de braquage idéal de chacune des roues, en fonction des circonstances. La direction étant assistée en fonction de la vitesse, le volant, qui est rectangulaire, dispose d'une amplitude limitée à 60 degrés à droite et à gauche. Le pilote de ce vaisseau du futur, qui peut emmener avec lui trois passagers, reçoit les indications nécessaires à la conduite par holographie. Ce système permet, grâce à un miroir placé au pied du pare-brise, de refléter dans celui-ci, au niveau des yeux du conducteur, tous les paramètres souhaités. Ce choix de l'image virtuelle a été développé sur le prototype à deux portes Activa 2, dévoilé au salon de Paris 1990. Activa 2 est également doté d'un écran multifonctions, installé sur la console centrale, connecté à un calculateur électronique intégrant un logiciel multitâches compatible avec un micro-ordinateur de type PC.

Grâce à ce système, il est donc possible de lire à bord de la voiture une disquette préparée au bureau et d'établir ainsi un « pont » entre son véhicule, son lieu de travail et son domicile.

L'écran et le logiciel multitâches jouent également un rôle dans l'assistance à la navigation. Ils permettent de déterminer un itinéraire en lieu et place du conducteur en tenant compte des difficultés variables de circulation. Étonnant lors de sa présentation statique au salon de Paris en 1990, ce système est aujourd'hui proposé en option par certains constructeurs. Activa et Activa 2 étaient donc bien autre chose que de simples études de style. Avec elles, Citroën annonce une partie de son futur technologique. ■

Citroën Xanae

Lorsque Citroën a levé le voile sur ce concept-car, réalisé pour le Mondial de Paris en 1994, les observateurs du milieu automobile, perplexes, s'interrogèrent : Où classer la Xanae ? Dans quelle catégorie ? Celle des berlines spacieuses ou celle des monospaces ? Personne n'avait la réponse, et pour cause. Car la Xanae est à mi-chemin entre les deux. Véhicule-étude, susceptible de déboucher avant l'an 2000 sur une voiture commercialisée, cette Citroën est un monocorps, mais sans la ligne caractéristique du monospace et de son pavillon haut.

Son habitabilité est pourtant exceptionnelle. Deux larges portières côté passager et une seule côté conducteur permettent un accès à bord original. Côté droit, les deux battants s'ouvrent en face à face, sans montant central. Les sièges avant pivotent pour recréer l'ambiance d'un salon, ambiance encore renforcée par la très large banquette arrière en forme de canapé.

Le concept Xanae a été étudié pour faciliter à une famille la vie à bord : le plancher est plat, sans élément perturbateur ; la commande de boîte automatique est installée sur un satellite, une sorte de grosse galette disposée au tableau de bord.

Voiture de rêve pour les voyages au long cours, dans une ambiance feutrée, la Xanae est le vaisseau du confort. Sous le capot, le moteur installé est le quatre cylindres deux litres multi-soupapes développant 135 ch. Avec son avant aérodynamique, son énorme double chevron, sa large « bouche » pour l'aération et son arrière de Xantia adouci, la Xanae est un concept très abouti. Le rêve des familles pourrait sans difficulté aucune devenir réalité… ■

Ford GT 90

Imaginez-vous un instant au volant d'un tel engin, sillonnant les routes de province ou remontant les Champs-Élysées. Digne d'un film de science-fiction, le concept-car Ford GT 90 est, en fait, l'extrapolation contemporaine de la fameuse GT 40, trois fois victorieuses des Vingt-Quatre Heures du Mans dans les années soixante.

Dévoilé sur le stand Ford du salon de Detroit en 1994, cet impressionnant coupé Grand Sport est conçu à partir d'une structure en aluminium. Sa carrosserie associe de façon originale pellicule de verre blanc et fibres de carbone, un gage de résistance et de légèreté.

Extrêmement ramassée, trapue, dotée d'un avant au ras du sol et d'une partie arrière étirée avec sorties d'échappement disposées en triangle au centre de la voiture, la GT 90 est un véritable laboratoire technologique. L'habitacle est recouvert par un cockpit en verre fumé monté sur une armature en acier, d'où sa ligne d'avion de chasse. L'intérieur est habillé de cuir bleu et de fibres de carbone.

Le moteur est un V12 en aluminium de six litres de cylindrée, suralimenté par quatre turbos. Développant ainsi 720 ch, ce moteur issu de la gamme des moteurs modulaires équipant les Ford de haut de gamme vendues aux États-Unis permet à la GT 90 de filer à plus de 350 km/h. Pour atteindre une telle vitesse, le concept-car américain a reçu un aileron arrière stabilisateur qui se déploie automatiquement en fonction de la vitesse et un spoiler avant lui aussi automatique qui, en augmentant la largeur de la voiture, améliore son aérodynamique et l'effet de sol.

Pour la sécurité, un système de détection permet de signaler la présence d'un véhicule dans « l'angle mort » grâce à une diode lumineuse sur le rétroviseur. Absolument diabolique vue de l'arrière, la Ford GT 90 utilise également des matériaux réalisés pour la navette spatiale, dont une toile protectrice qui recouvre les sorties d'échappement. Enfin, pour marquer son territoire, la fameuse GT dispose de pneus spécifiques dont la semelle porte l'inscription GT 90. Mais bien peu nombreuses sont les traces qu'elle a laissées sur les pistes empruntées… ■

Ital Design Nazca

Née dans l'esprit génial de l'un des plus célèbres carrossiers du monde, Giorgetto Giugiaro, la Nazca a été dévoilée au salon de Genève en 1991. Aussitôt repérée par quelques riches collectionneurs, elle a déchaîné l'admiration. Réalisée en partenariat avec BMW qui a fournit le moteur V12, cette GT fluide et imposante à la fois est dotée d'une structure en fibre de carbone complétée par des treillis tubulaires porteurs. Un arceau de sécurité, intégré à la structure, assure la rigidité en cas de retournement. Issue de la passion qu'ont Giorgetto et Fabrizio Giugiaro, son fils, pour les voitures de Formule 1, la Nazca peut emmener deux personnes à plus de 300 km/h. Pour permettre l'accès à bord, la porte s'ouvre en deux parties. Lorsque l'on actionne la poignée de porte, la vitre se relève automatiquement grâce à un système hydraulique. La portière s'ouvre ensuite normalement. De l'intérieur, la vitre peut être relevée seule. Deux sièges baquets accueillent les occupants sous un cockpit entièrement en verre permettant une vision panoramique de 360 degrés. Derrière le conducteur et son passager, l'habitacle est séparé du compartiment moteur par une double cloison en verre fixée à l'arceau. Gainé de cuir sombre, l'intérieur est luxueux ; la plupart des instruments et équipements sont signés BMW.

Performante et confortable, la Nazca étonne par sa facilité de conduite. Dotée d'une boîte de vitesses à cinq rapports, cette propulsion est particulièrement à l'aise sur circuit. Là, sur son terrain de jeu favori, elle enchantera son pilote. Très saine, freinant fort et offrant des accélérations foudroyantes, la Nazca séduit aussi par la mélodie qu'elle diffuse. Lorsque le 12 cylindres se met à chanter dans votre dos, la symphonie est exceptionnelle. Sans même la pousser dans ses retranchements, la Nazca émerveille. Les 300 ch du moteur de 5 litres sont bien présents, et à tous les régimes. Accrochée au macadam grâce à ses énormes pneus de 235 à l'avant et de 295 à l'arrière montés sur des roues de 18 pouces, cette italienne au moteur allemand restera l'une des plus belles automobiles jamais construites. ■

NAZCA

Mercedes C 112

Elle est allemande, porte une large étoile sur le devant et reste l'une des plus belles voitures jamais construites. Le prototype C 112 est né d'un défi chez Mercedes, défi lancé, d'une phrase lapidaire, à une équipe d'ingénieurs de recherche de Stuttgart : « Transformez la Sauber-Mercedes C 11 en une routière ! »

C'est donc à partir de la voiture de course que les designers et techniciens allemands dessinèrent ce concept-car unique présenté en 1991. Une voiture imposante, pure dans sa livrée argent, capable d'emmener deux personnes à plus de 300 km/h. Pour cela, c'est bien sûr le fameux moteur six litres V12 développant 308 ch qui a été retenu. Équipée d'une boîte de vitesses à six rapports, la C 112 atteint les 100 km/h départ arrêté en 4,9 secondes. Belle et performante, cette « flèche d'argent » n'en est pas moins un véritable laboratoire de recherche. Équipée de l'ABS et d'un antipatinage, d'un climatiseur automatique, d'un détecteur de proximité et d'un contrôleur de pression des pneus, cette supercar possède un aileron escamotable améliorant l'aérodynamisme à grande vitesse et l'efficacité du freinage. Pour faciliter encore la décélération, lors d'un effort puissant sur la pédale de frein, un système électronique permet de doser la pression du freinage entre les essieux avant et arrière.

Réalisée en aluminium, la C 112 est dotée de portes « papillon » équipées d'un système d'ouverture d'urgence commandé par capteurs, en cas de retournement par exemple.

En conduite rapide, un système de contrôle actif des mouvements de la carrosserie permet à la voiture de gommer les moindres effets de tangage ou de roulis. Époustouflante par sa ligne, la C 112 l'est aussi par la technologie qu'elle embarque. Le plaisir offert à son pilote ne doit pas être en reste. Malheureusement, en tant que voiture de salon, donc unique, elle se regarde mais ne se touche pas. ■

S-DF 295
S-DF 295
S-DF 295
S-DF 295

Mercedes Vario Modulaire

Une voiture de rêve doit-elle être nécessairement seule et unique ? Et si l'on pouvait, à sa guise, la métamorphoser, la multiplier comme par enchantement ? Ce sont là deux questions que se sont posées les ingénieurs de Mercedes avant de réaliser, pour le salon de Genève 1995, ce prototype baptisé Vario.

Il s'agit d'une voiture modulaire à deux portes qui, comme un caméléon, adapte sa « peau » à la situation. La « Vario Research Car » est en fait un châssis très rigide, motorisé, avec une carrosserie coupée à l'arrière entre les deux feux situés en bout d'ailes, pour permettre l'adaptation de la cellule choisie.

Quatre structures différentes, une fois mises en place, transforment la Vario respectivement en berline, en break, en pick-up utilitaire ou en cabriolet. C'est l'équipe du Design Avancé de Mercedes, à Stuttgart, qui a signé ce concept, esthétiquement réussi et très astucieux. Chacun des modules s'installe facilement sur la voiture ; il suffit de poser la cellule, un peu comme un hard-top. Des attaches et de puissants électroaimants assurent son maintien. Pour déverrouiller, il faut actionner une poignée située au niveau des montants de portes ; six petits moteurs soulèvent alors la structure pour faciliter sa dépose.

Seule obligation : être deux pour jouer à ce « Lego » automobile et posséder, dans son garage, la place de ranger tous les morceaux. Un rêve de gosse ? ■

Pininfarina Mythos et Chronos

Sergio Pininfarina, le célèbre designer italien qui travaille notamment pour Ferrari, dessine des concept-cars depuis qu'il sait tenir un crayon. Les plus réussis de ces dernières années sont incontestablement la Mythos à moteur Ferrari, présentée au salon de Tokyo en 1989, et la Chronos, réalisée à partir d'une mécanique Opel et dévoilée au salon de Detroit en 1991.

La Mythos reprend donc la mécanique de la Ferrari Testarossa et son empattement. Mais, à partir de ces bases, Pininfarina a recherché un design soulignant le contraste entre les masses avant et arrière. L'avant est fin et taillé en fuseau, l'arrière est large et surélevé. La voiture a des allures d'avion de chasse. Et, pour tirer pleinement parti du 12 cylindres boxer développant 400 ch, Pininfarina a prévu, à la base du pare-chocs avant, une lame rétractile qui sort de 30 mm pour augmenter l'effet déportant de la bavette.

A l'arrière, un aileron se lève de 300 mm et s'incline de 12 degrés pour exercer une charge de 150 kg à 250 km/h. L'effet combiné de ces deux appendices aérodynamiques réduit globalement la portance avant et arrière de 50 %, en en compensant les effets. A l'intérieur, l'esprit de la Mythos évoque celui des voitures de course sport-prototype des années soixante : deux petits sièges enveloppants, une instrumentation

très simple. Pour un plaisir maximum à plus de 300 km/h. En rêve.

La Chronos, elle, est réalisée à partir de la mécanique de la Lotus Omega d'Opel. Il s'agit d'une étude de coupé deux places extrêmement compact. Pininfarina a en fait assemblé deux volumes apparentés sur le plan esthétique. Le premier, bas et large, recouvre les roues ; le second renferme l'habitacle et la mécanique. La partie avant, très pointue, contraste avec l'arrière court et musclé. Visuellement, c'est de ce côté que la Chronos est la plus étonnante. Pininfarina a dessiné un pavillon, totalement en verre, s'achevant en forme de lance.

A l'intérieur, le concept est traité simplement, presque de façon austère, mais avec raffinement. Sous le capot, la Chronos dispose du puissant six cylindres en ligne de 3,6 litres développant 377 ch. Comme tous les concept-cars de rêve, et plus encore ceux des designers indépendants, la Chronos est unique. Exclusive et secrète. Quel plaisir donne-t-elle à son pilote ? Mystère. ■

Peugeot Oxia

Poursuivant son exploitation de la compétition, Peugeot a présenté en 1988, au salon de Paris toujours, ce troisième prototype baptisé Oxia. Beaucoup plus proche d'un coupé GT hautes performances que ne l'étaient Quasar et Proxima, cette Peugeot réalisée en fibre de carbone, kevlar et résine époxy dispose elle aussi du fameux moteur V6 multisoupapes de 2,9 litres associé à un double turbo. Pour passer la puissance extrême de 680 ch, les ingénieurs de La Garenne-Colombes ont doté l'Oxia d'une transmission intégrale, de quatre roues directrices et d'un système antipatinage.

La position du moteur, implanté transversalement sur la partie centrale arrière, permet de libérer la partie avant et autorise un capot ultracourt, plongeant, au bout d'un gigantesque pare-brise très incliné. En forme de bulle, la partie habitacle-moteur s'achève à l'arrière de la carrosserie par un large aileron mobile. A l'inverse de la Proxima, l'Oxia est une voiture parfaitement imaginable sur nos routes. C'est la Peugeot de rêve par excellence. L'intérieur n'est pas celui d'un Boeing, mais au contraire très sobre et raffiné. La façade de la planche de bord est en aluminium bleu acier alors que le revêtement est de cuir anthracite. Les deux sièges, à commandes électriques, sont eux aussi en cuir, bleu électrique et gris. Ils disposent, tous deux, d'un harnais de sécurité cinq points. Sur les différents cadrans, les indications apparaissent en vert. Les fonctions du véhicule sont réunies sur deux modules : l'un réservé à la conduite, l'autre à la communication. La centrale de communication comporte un ordinateur PC compatible avec ses équipements périphériques : écran couleur, clavier alphanumérique, lecteur de disquettes, radiotéléphone, etc.

Pour un confort ultime, et pour limiter les dégagements de chaleur du puissant moteur, une climatisation solaire a été installée. Fonctionnant grâce à dix-huit cellules placées juste sous le pare-brise, elle est gérée par l'ordinateur, comme le système embarqué d'aide à la navigation. Voiture d'exception par son style extérieur et son aménagement intérieur, Oxia est plus proche d'une voiture commercialisable que les deux précédents prototypes Peugeot. Elle restera pourtant désespérément unique, comme venue d'ailleurs. C'est pour cela que les ingénieurs Peugeot l'ont baptisée du nom d'une région de la planète Mars, « Oxia Palus », dont la longitude est 0 et la latitude 0. Le point de départ possible du calcul du temps martien. Pour lui donner des airs de vaisseau interplanétaire. ■

OXIA

Pontiac Salsa et Sunfire

La première date de 1992, la seconde de 1994. Elles sont, toutes les deux, des voitures de rêve d'un genre bien différent. Après l'étonnante quatre portes à moteur V8 présentée au salon de Detroit 1991 – la Protosport 4 –, Pontiac qui appartient au géant General Motors a dévoilé une géniale petite voiture de loisirs. Un engin typiquement « côte ouest », transformable en roadster, pick-up, berline ou break. Très élégante avec son museau court et arrondi, ses roues aux quatre coins de l'habitacle, la Salsa est exactement la voiture qui nous manque : un concept modulaire, et qui ne serait pas trop cher à l'achat. Idéale pour le transport des planches à voile ou des VTT mais aussi pour avaler des miles à allure modérée, cette américaine très sympathique reçoit une « petite » motorisation quatre cylindres de 1 500 cm^3 et une boîte de vitesses manuelle à cinq rapports. Traction avant, la Salsa est le concept de voiture ludique par excellence. A bord, l'ambiance est en parfait accord avec l'extérieur : traitement gai, planche de bord conçue comme sur une moto avec trois gros compteurs « posés » sur la colonne de direction. Les sièges sont enveloppants et la simplicité des formes domine. Si Pontiac commercialisait la Salsa, géniale petite voi-

Pontiac Sunfire

ture-Lego, nul doute que les amateurs de « voitures-fun » se mettraient à danser sur la table.

Dans un genre bien différent de Salsa, la Sunfire est un concept-car agressif, viril et né pour les sensations.

Dévoilé au salon de Detroit 1994, ce speedster à l'habitacle plutôt sobre impressionne tout d'abord par son allure extra-plate, sa face avant biseautée et son arrière massif. Les larges sorties d'échappement latérales renforcent l'agressivité de cette américaine au toit escamotable. Sous le capot, c'est un moteur six cylindres turbo de 2,4 litres développant 225 ch qui permet à cette décapotable née pour la Californie de dépasser les 230 km/h. Dans sa livrée orange, la Sunfire de 1994 a sans doute été au centre des désirs de milliers de jeunes Américains rêvant à son volant de se prendre pour James Dean. ■

Renault Mégane

Lorsqu'en 1988 Renault annonce la présentation d'un étonnant prototype pour le salon de Paris, le fameux slogan « les voitures à vivre » a moins de trois ans. Et l'Espace, la plus aboutie de ces voitures à vivre à l'époque, connaît un franc succès. Le concept-car annoncé sera donc un « appartement roulant ». Mégane est une berline à quatre places, vaste, lumineuse, luxueuse et confortable, dont l'esprit tient en un mot : la mobilité.

Longue et large, la Mégane n'est certes pas un chef-d'œuvre du design mais sa fonctionnalité est étonnante. Ses quatre portes latérales, à ouverture commandée électriquement, coulissent pour s'ouvrir largement ; l'absence de pied milieu permet aux passagers de s'installer à bord ou de quitter le véhicule avec un maximum d'aisance. A l'intérieur, les sièges avant peuvent pivoter : celui du conducteur, de 60 degrés, pour permettre d'accueillir les occupants des places arrière ; le siège du passager pivote, lui, de 180 degrés. Les fauteuils arrière peuvent s'incliner en position repos et la « bulle » de lunette arrière recule de 35 cm pour dégager un volume supplémentaire dans l'habitacle. Pour charger les bagages, les concepteurs de Mégane ont inventé un plateau coulissant, qui évite les efforts inutiles. Et pour démarrer, Mégane utilise le boîtier de télécommande à infrarouge servant à l'ouverture des portes. Installé sur le tableau de bord, celui-ci déconnecte l'alarme et déclenche le réglage automatique du poste de conduite.

Véritable vaisseau d'autoroute, équipée d'un système audio-vidéo intégré de très haute performance, Mégane dispose sous le capot d'un moteur V6 de 3 litres turbocompressé, développant 250 ch et permettant d'atteindre la vitesse maxi de 250 km/h. Pour améliorer le comportement routier et accroître la sécurité, les « pères » de cette voiture à vivre pas comme les autres l'ont équipée de quatre roues directrices et motrices, d'une suspension à pilotage électronique et d'une boîte de vitesses à double commande : manuelle ou automatique.

Renault Laguna

Deux ans après sa voiture « cocon », la Mégane, Renault change de registre pour son concept-car du salon de Paris 1990. Hésitante sur l'avenir d'Alpine, la marque au losange ose présenter un roadster magnifique que tout le monde imagine déjà – trop vite – sur la route. Exposée aux yeux du public, la Laguna bleu France déchaîne immédiatement les passions. Longue de 4,10 m, cette deux places sans pare-brise se conduit cheveux au vent, avec un casque spécialement réalisé pour elle. Très bas, très racé et d'un dessin magnifique, ce roadster reçoit un moteur quatre cylindres de 2 litres turbocompressé, placé en position centrale arrière, juste derrière les sièges. Grâce à ses 210 ch et au faible poids de la voiture, il permet à la Laguna de filer en pointe à 250 km/h. Étude de style avant tout, contrairement à la Mégane qui était un véritable laboratoire de technologies avancées, la Laguna possède néanmoins une solution technique inédite : l'arceau de sécurité intégré. Véhicule sportif très

Laguna

guna

ouvert, sans pavillon ni traverse de pare-brise, se conduisant avec la tête complètement sortie de l'habitacle, la Laguna appelait obligatoirement un système de protection efficace. Pour des raisons de style, ce dispositif devait être totalement invisible en roulant. C'est donc un arceau de sécurité mobile qui a été retenu, un arceau ne venant se mettre en position de protection qu'en cas de détection de risque de retournement. Installé entre l'habitacle et le couvre-tonneau en position reculée, l'arceau, qui est en deux parties, se met en place en un dixième de seconde. Son déclenchement est automatique, dès lors que l'assiette de la voiture se modifie de façon anormale.

La Laguna, qui dispose d'un coffre minuscule de 60 dm^3, se comporte comme une vraie voiture de sport. Accélérant très fort, accrochée à la route, dotée d'une boîte de vitesses à cinq rapports directe et très précise, cette Renault-là aurait pu devenir l'Alpine à laquelle rêvaient et rêvent toujours les nostalgiques de la marque. Mais la direction de Renault n'a pas voulu relancer Alpine. Et le concept-car Laguna s'est transformé en Spider Renault. ■

Renault Racoon

Il porte le nom d'un raton laveur d'Amérique du Nord, mais il est bien français. Avec ses airs d'hélicoptère auquel on aurait enlevé les rotors, ce gros scarabée monté sur roues est un 4 x 4 hors normes, amphibie, signé Renault. Le constructeur français a dévoilé ce concept à l'occasion du salon automobile de Genève, en 1993, en affirmant qu'il s'agissait là d'un prototype de développement, annonçant l'automobile-liberté de demain.

Très haut sur ses roues de 20 pouces à l'avant et de 21 pouces à l'arrière, il constitue une sorte de croisement entre une voiture de sport et un engin de chantier. De la première il a conservé une position presque couchée aux trois occupants assis en triangle – deux à l'avant, un au centre à l'arrière –, et du second une agressivité et une efficacité redoutable sur terrain très accidenté. Entièrement réalisé en acier – il pèse 1 600 kg – Racoon se sépare en deux sous-ensembles : le châssis d'une part et la carrosserie de l'autre. Le pare-brise est doté d'une surface spécifique hydrophobe qui, grâce à un dispositif à ultrasons situé à la base de la baie vitrée, désintègre les molécules d'eau dès qu'elles touchent la surface. Et, pour améliorer la visibilité vers l'avant, en franchissement d'une zone difficile par exemple, Racoon dispose d'une lunette de proue, au niveau de sa fausse calandre. Celle-ci permet au pilote de voir la nature du terrain et d'évoluer en fonction de celle-ci.

Pour une efficacité maximale de nuit, le Racoon dispose de puissants phares orientables depuis le tableau de bord, grâce à un *joystick*. Une caméra vidéo à infrarouge fournit une aide supplémentaire.

Mais, outre les équipements d'aide à la conduite dont Racoon est équipé, la plus grande originalité de cette drôle de Renault réside dans sa suspension. Très visible de profil, celle-ci est composée de deux grands éléments fonctionnels – les bras d'assiette – qui permettent d'obtenir des variations d'assiette et de garde au sol et un débattement total à la roue de 40 cm. Articulés au centre du châssis, ces deux bras commandés par des vérins hydrauliques permettent de faire passer la garde au sol de 30 cm en position basse de roulage à 50 cm en position de franchissement. Commandés depuis le cockpit, ces deux bras peuvent également travailler indépendamment l'un de l'autre. Pour affronter une pente raide, le pilote peut, par exemple, activer uniquement les deux bras arrière afin de réduire le cabrage de la caisse, comme dans un funiculaire. Pour réduire les effets du dévers, Racoon peut faire varier deux bras latéraux seulement. Mais Racoon dispose également d'une suspension classique à amortisseurs hydrauliques, pour la conduite sur route normale.

Ce gros scarabée orange, à l'aise sur tous les terrains accidentés,

n'a pas limité son champ d'action à la terre ferme. Pour en faire une voiture de liberté totale, Renault l'a rendu amphibie. Deux hydrojets le transforment en bateau et lui permettent d'atteindre 5 nœuds en croisière sur un lac. Dès qu'il retrouve le macadam, Racoon peut filer à plus de 150 km/h grâce à son moteur six cylindres double turbo de 3 litres, qui développe la bagatelle de 262 ch. Mais avant de partir à l'assaut des grands espaces aux commandes de Racoon, il vous faudra appréhender la cinématique d'ouverture du cockpit et connaître la méthode pour accéder à bord. Si cette opportunité vous était offerte un jour, voici le procédé : un marchepied, situé à une cinquantaine de centimètres du sol et intégré dans chacun des grands bras d'assiette antérieurs, permet d'accéder à l'habitacle. L'ouverture des verrières s'effectue grâce à une télécommande radio de l'extérieur, ou grâce à un bouton, de l'intérieur. L'ouverture s'effectue en deux temps : translation de la verrière de custode vers l'arrière puis pivotement de la vaste verrière vers l'avant. Lors de cette manœuvre, la colonne de direction et le dispositif de vision tête haute – dans le pare-brise – sont escamotés également. A l'issue de ces opérations qui durent 13 secondes, il suffit de s'installer dans les fauteuils. Sachez que le passager arrière est installé plus haut que les deux autres, pour tenir le rôle de navigateur. Mais Racoon, baroudeur hors pair, n'a pas sacrifié le confort : air conditionné et radio-téléphone sont à bord. On peut avoir envie de rêver de liberté sans se couper totalement du monde. ■

hauteur du prestige affirmé dès le premier regard, c'est le moteur V10 de Formule 1 qui est dissimulé sous le long capot avant d'Initiale.

Développant 392 ch à 8 000 tr/mn, celui-ci autorise des performances forcément exceptionnelles. Mais là n'est pas la raison d'être de ce concept-car. Née pour annoncer les axes de recherche de Renault en matière d'automobile de prestige, Initiale doit avant tout offrir le luxe à ses occupants. A l'arrière, l'ambiance est celle d'un salon ; on peut y déguster du champagne, écouter la chaîne hi-fi, ou visionner un film sur disque laser, grâce à la console centrale accrochée sous le pavillon panoramique. Fermez les yeux. Rêvez. Initiale glisse pour vous dans le royaume du luxe. Renault l'a créée pour jeter les bases d'une nouvelle dimension automobile, et mieux illustrer encore son fameux slogan – « les voitures à vivre ». ■

Retour vers le futur ?
Plus d'un demi-siècle après
la fameuse Renault 40 CV
des Années folles, la firme
au losange renoue avec
l'automobile de prestige.

Volkswagen Noah

Cette drôle de voiture pas très belle s'appelle Noah. Rien à voir avec le joueur de tennis français, puisque ce nom trouve son origine dans la langue hébraïque. Dévoilé lors du salon de Francfort 1995, ce concept de monospace doit se découvrir de l'intérieur. De forme imposante, Noah n'est pourtant pas une grande voiture. Plus courte qu'une berline moyenne traditionnelle, cette Volkswagen de recherche est avant tout dotée d'un vaste habitacle, grâce à un empattement de 3 m et une voie de 1,70 m.

L'accès à bord de Noah s'effectue de façon non conventionnelle par le biais de portes centrales télécommandées. Chacune d'elles – il y en a une de chaque côté – est constituée d'une marche qui s'articule vers le bas lors de l'ouverture et d'un second élément qui se glisse vers le haut avant de pivoter de 90 degrés.

L'intérieur de Noah est très dépouillé ; réalisé en aluminium, en bois et en cuir, il offre aux six occupants une ambiance totalement inédite. Pour accroître la sécurité, notamment en cas de choc latéral, les sièges ne sont pas ancrés au sol comme c'est le cas sur toutes les voitures, mais accrochés aux montants latéraux. En cas d'accident et de déplacement de la paroi latérale, les sièges subissent le même sort, réduisant les forces exercées sur le passager.

Réalisé en priorité pour montrer l'importance de la sécurité dans la recherche automobile, ce concept Volkswagen se soucie également d'écologie puisqu'il dispose d'un plancher en bois. De quoi rêver que l'on voyage à bord de… son appartement. ■

Volkswagen Concept

Et si, en définitive, l'automobile de rêve était celle-ci ? Une voiture totalement inattendue, incongrue, qui puise ses origines dans les années quarante et apparaîtra peut-être juste avant l'an 2000. Le pari était osé, mais il semble pourtant gagné d'avance.

Le Concept 1 de Volkswagen, dévoilé au salon de Detroit de 1994, parle de lui-même. Il s'agit bien sûr de la fameuse Coccinelle, revue, corrigée et modernisée. Tellement modernisée qu'elle s'annonce déjà comme une voiture dont tout le monde rêve. Réalisée par le centre de design américain de Volkswagen installé en Californie, la VW de l'an 2000 n'est qu'un concept-car. Mais son avenir commercial semble assuré. Vu de profil, le Concept 1 se compose de trois formes cylindriques : deux pour les roues et une pour la cellule passager. Une sorte d'assemblage géométrique à l'harmonie simple et donc parfaite, qui a fait craquer les foules. Conçu pour recevoir un moteur disposé à l'avant, le Concept 1 dispose évidemment des équipements modernes de sécurité : double airbag et freinage ABS.

Dénuée de tout élément perturbateur du design, cette Coccinelle futuriste est une quatre places dont l'habitacle est une harmonie de lignes droites et d'éléments sphériques. Au centre de la planche de bord, simplifiée à l'extrême, un gros cadran rond rassemble les indications indispensables à la conduite. Comme dans la Coccinelle née en 1949 et signée Ferdinand Porsche !

Pour motoriser son Concept 1, Volkswagen a pensé à trois solu-

tions possibles : un moteur turbo diesel à injection directe, une solution hybride associant un moteur diesel à un moteur électrique pour la circulation urbaine et, enfin, une solution exclusivement électrique. Longue de 3,82 m et large de 1,63 m, cette étrange Coccinelle, véritable œuvre d'art automobile, pèse moins d'une tonne. Cinquante ans après avoir été la « voiture du peuple », la VW commandée par Hitler est devenue une voiture de rêve. Ferdinand Porsche lui-même ne l'avait sans doute pas rêvé… ■

La vieille « Coccinelle » de Volkswagen renaîtra sous cette carrosserie, en berline et cabriolet, avant l'an 2000. Qui l'aurait imaginé ?